浙江红色文化名片

政协浙江省委员会 编

浙江摄影出版社

序

习近平总书记指出，要用心用情用力保护好、管理好、运用好红色资源，生动传播红色文化；把红色基因传承下去，确保红色江山后继有人、代代相传。浙江是中国革命红船起航地、改革开放先行地、习近平新时代中国特色社会主义思想重要萌发地。厚植红色文化、赓续红色血脉、传承红色基因，是浙江光荣的历史使命，也是重大的政治责任。

红色文化蕴含着中国共产党开天辟地、创基立业的深切历史记忆，红色是浙江最鲜明的底色。100多年前，一艘小船诞生了一个伟大的党，中国革命从此扬帆起航；100多年后，小小红船成长为巍巍巨轮，在时代和世界的大海大洋中劈波斩浪、行稳致远。中国共产党诞生后，之江大地党组织星火燎原，共产党人以"为有牺牲多壮志，敢教日月换新天"的豪情，走过了可歌可泣的奋斗历程，烙下了深深的红色印记，积淀了深厚的红色底蕴。

红色文化滋养着中国共产党感天动地、建功立业的丰厚红色资源，红色是浙江最鲜活的特色。历史不会忘记，是浙籍人士首先报道了十月革命胜利的消息，首次翻译出版了《共产党宣言》的中文全译本。这里，通过了中国共产党第一个纲领和第一个决议，选举产生了中国共产党第一个中央机关；这里，爆发了中国共产党领导的第一次有组织、有纲领的农民运动——衙前农民运动；这里，召开了中国共产党中央执行委员会西湖会议，为党的统一战线政策奠定了重要的基础。这一切，蕴含着党的初心使命，蕴含着以伟大自我革命引领伟大社会革命的基因密码,是浙江精神之源、使命之源、力量之源。

不忘历史才能开辟未来,善于继承才能善于创新。习近平同志在浙江工作期间,在省域层面对中国特色社会主义进行了卓有成效的理论创新和实践创新,亲自擘画实施了"八八战略",开启了干在实处、走在前列、勇立潮头的辉煌历程。进入新时代,习近平总书记五次亲临浙江,对浙江工作作出一系列重要指示,赋予浙江"努力成为新时代全面展示中国特色社会主义制度优越性的重要窗口""高质量发展建设共同富裕示范区""在推进共同富裕和中国式现代化建设中发挥示范引领作用"的重大使命,为浙江奋进新征程、建功新时代指明了前进方向,注入了强劲动力,提供了根本遵循。在深入开展学习贯彻习近平新时代中国特色社会主义思想主题教育期间,省政协征编出版《浙江红色文化名片》,旨在深入贯彻落实习近平新时代中国特色社会主义思想,把红色资源利用好,把红色传统发扬好,把红色基因传承好。

本书重点展现自中国共产党诞生至中华人民共和国成立这段时期,浙江发生的重要革命事件,英勇献身的革命先烈,形成和留存的纪念场馆、烈士陵园等重要红色文化资源,突出反映我省波澜壮阔的革命斗争、彪炳史册的革命业绩、光照千秋的革命精神,大力弘扬伟大建党精神和红船精神,弘扬与时俱进的浙江精神,把红色基因更好地融入血脉,从中汲取忠诚的力量、创新的力量、奋进的力量,为坚定捍卫"两个确立",坚决做到"两个维护",坚定不移深入实施"八八战略",强力推进创新深化、改革攻坚、开放提升,在推进共同富裕和中国式现代化建设中发挥示范引领作用,奋力打造新时代全面展示中国特色社会主义制度优越性的重要窗口凝聚强大精神动力。

《浙江红色文化名片》编委会
2023 年 8 月

目 录 ★★★

★ 浙 江

赓续红色血脉　激发奋进力量

★ 杭 州

西子湖畔报春信　钱塘儿女铸丰碑

004　大义留青史　山河忆风云
013　青山埋忠骨　碧血润初心
018　浩气贯日月　薪火永赓续
028　奋力追梦行　建设新天堂

★ 宁 波

巍巍四明诉忠魂　滔滔三江写春秋

033　星火燎原地　风云叱咤城
039　生当作人杰　死亦为鬼雄
047　赤胆铸红旗　丰功铭此地
061　碧血忆峥嵘　丹心著华章

★ 温 州

红动浙南火燎原　潮涌瓯江映辉煌

068　江海风云起　薪火耀浙南
077　初心韧如磐　壮怀当激烈
083　山河念英魂　故迹犹可寻
101　弘扬英雄志　敢为天下先

★ 湖 州

霅溪河畔铮鼓鸣　湖城英烈显雄姿

107　风涌南太湖　壮烈谱春秋
111　古城铸英魂　热血贯长虹
113　岁月燃烽火　精神永流传
120　绿水青山长　使命勇担当

★ 嘉 兴

开天辟地一船红　南湖共筑百年梦

126　画舫播火种　热血践初心
132　危躯赴国难　丹心照汗青
135　峥嵘忆往昔　胜迹启今人
141　矢志守根脉　奋进新征程

★ 绍　兴

古越大地风雷动　精忠报国群英聚

147　风云映古城　星火燎会稽
151　越中多英杰　热血荐轩辕
158　革命留胜迹　红动古越地
164　清气盈乾坤　胆剑谱新篇

★ 金　华

百年追望求正道　红色八婺竞风华

170　深山燃火种　慷慨赴国难
174　铁肩担道义　浙中出雄杰
181　旌旗遍城乡　精神长流传
193　赓续真理味　筑梦都市区

★ 衢　州

瀫水苍茫连曙色　三衢大地驾长风

200　云涌钱江源　旌旗舞浙西
205　忠烈写春秋　浩气贯古今
207　先贤存遗迹　感奋后来人
212　不忘当年志　征程追梦行

★ 舟 山

东海激荡革命潮　千岛之城展新颜

- 217　英风彻海天　红旗逐浪高
- 221　弄潮儿女在　万里赴征途
- 222　碧血映春秋　巍巍矗丰碑
- 227　弘扬先烈志　壮怀启新程

★ 台 州

红旗首飘两浙地　三军决胜一江山

- 233　海门起春雷　台岳扬赤旗
- 238　碧血洒芳草　正气壮山河
- 240　山海存胜迹　勋业昭汗青
- 250　红色传薪火　垦荒续新篇

★ 丽 水

忠诚使命凌云志　求是挺进耀处州

- 255　岁月多峥嵘　潮涌瓯江红
- 263　伟业垂青史　精神传千秋
- 269　先辈写春秋　胜迹存浩气
- 285　传承革命志　永做挺进师

赓续红色血脉　激发奋进力量

历史是最好的教科书，红色历史是最好的营养剂。中国共产党在浙江波澜壮阔的奋斗历程，孕育了奔流不息的红色血脉，是激励浙江人民砥砺奋进最深沉的力量。100多年前，中国共产党在嘉兴南湖红船诞生，"小小红船承载千钧，播下了中国革命的火种，开启了中国共产党的跨世纪航程"。遍布于浙江大地的红色遗址遗迹，镌刻着革命先贤、仁人志士为中国人民谋幸福、为中华民族谋复兴而不懈奋斗的恢宏画卷。

在浙江工作期间，习近平同志凝练概括并阐释红船精神，即开天辟地、敢为人先的首创精神，坚定理想、百折不挠的奋斗精神，立党为公、忠诚为民的奉献精神，标注了对中国共产党精神之源、革命精神谱系认识的新起点，开辟了传承弘扬革命传统和红色基因的新境界；高度重视发挥党史的资政育人功能，亲自推动建设浙江革命历史纪念馆、南湖革命纪念馆新馆、中共浙江省一大纪念园等标志性红色场馆、红色基地。习近平总书记亲自擘画实施"八八战略"，指引浙江开启了干在实处、走在前列、勇立潮头的辉煌历程，书写了党在浙江百年奋斗最厚重的篇章。进入新时代，习近平总书记对之江大地饱含深情、寄予厚望，对浙江工作作出一系列重要指示，赋予一系列重大战略使命，为浙江发展提出明确要求、指引胜利方向。

浙江人民牢记习近平总书记的嘱托，深入学习贯彻习近平新时代中国特色社会主义思想，把丰厚的红色资源视为最宝贵的精神财富，深挖红色资源，厚植红色文化，传承红色基因，赓续红色血脉，坚定不移深入实施"八八战略"，奋力谱写共同富裕和中国式现代化的浙江华章。

之江儿女志凌云　　敢教日月换新天

中华人民共和国是无数革命先烈用鲜血和生命铸就的。要深刻认识红色政权来之不易，中华人民共和国来之不易，中国特色社会主义来之不易。每一个历史事件、每一位革命英雄、每一种革命精神、每一件革命文物，都代表着中国共产党走过的光辉历程、取得的重大成就，展现了中国共产党的梦想和追求、情怀和担当、牺牲和奉献，汇聚成中国共产党的红色血脉。红色血脉是中国共产党政治本色的集中体现，是新时代中国共产党人的精神力量源泉。

新民主主义革命时期，党领导浙江人民书写了党史上绚丽的篇章。党的创建初期，一批浙籍先进知识分子就积极参加建党活动，全国50多名早期党员中，浙籍党员占7位，人数列全国第三；《共产党宣言》首个中文全译本翻译者陈望道，新文化运动许多先驱，都是浙江人；嘉兴南湖，是中国革命红船的起航地。党领导的第一次有组织、有纲领的农民运动——衙前农民运动，揭开了中国现代农民革命斗争的序幕。1922年8月召开的中国共产党中央执行委员会西湖会议，明确以"党内合作"形式解决国共两党合作问题，迈出建立党的统一战线关键一步。1930年5月，在永嘉成立的中国工农红军第十三军，是被列入中央军委正式序列的全国14支红军之一。为策应中央红军战略转移，红军北上抗日先遣队四进四出浙江。1935年3月，中国工农红军挺进师创建的浙西南、浙南游击根据地，成为党在南方革命的一个战略支点。九一八事变后，抗日救亡运动在浙江风起云涌。1937年3月，周恩来代表中共中央先后在杭州烟霞洞、德清莫干山与蒋介石进行国共合作抗日谈判。1938年2月，新四军3个支队在开化集结后奔赴抗日前线。浙东抗日根据地、苏浙皖边抗日根据地，均为抗日战争时期全国19块解放区之一。解放战争时期，党领导的爱国民主运动在浙江蓬勃开展，1947年10月，杭州爆发的"于子三运动"等，给国民党反动统治以沉重打击；浙江各地人民武装频频出击，解放全省24座县城，为浙江解放作出巨大贡献。

在浙江这块红色的土地上，许多党史重要人物留下了光辉的足迹，无数共产党人和革命志士献出了宝贵的生命。在创建中国共产党的过程中，浙籍先进分子俞秀松、施存统、陈望道、邵力子、沈雁冰、沈泽民、邵飘萍等作出了重要贡献。毛泽东、周恩来、李大钊、方志敏、陈毅、陈云、粟裕、谭震林、叶飞等老一辈革命家在这里工作和战斗过，曾任中共浙江省委书记或代理书记的王家谟、张秋人、徐英、罗学瓒、卓兰芳、龙大道、李硕勋、夏曦、刘英前仆后继，慷慨就义；邵飘萍、金佛庄、谢文锦、宣中华、殷夫、柔石、沈泽民、钱壮飞、梁柏台、俞秀松等浙籍英烈在省外壮烈牺牲，为革命洒尽最后一滴鲜血。人民群众为保护党和红军，留下了"一门两烈士""一门四烈士"，甚至"一门六烈士"的红色故事，展现出杀不绝、吓不倒的英雄气概，印证了党与群众、军队与人民的鱼水深情。

中国共产党在浙江的革命历程，书写了壮美的红色史诗，留下了弥足珍贵的红色记忆。革命事业留下的革命遗址，承载的红色历史历久弥新。浙江红色资源星罗棋布，28年的浴血奋战，留下革命遗址

2400余处。这些珍贵的革命遗址，铭刻着党领导浙江人民为民族独立和人民解放而英勇奋斗的光辉历程，蕴含着浙江人民不屈不挠、一往无前的革命精神。南湖革命纪念馆、衙前农民运动纪念馆、中共浙江省第一次代表大会旧址、浙东抗日根据地旧址群等，蕴含着百年大党风华正茂的基因密码，是浙江人民的精神路标和力量之源。

千磨万击还坚韧　红色基因代代传

人无精神不立，国无精神不强。唯有精神上站得住、站得稳，一个民族才能在历史洪流中屹立不倒、挺立潮头。党的伟大精神和光荣传统是我们的宝贵精神财富，是激励我们奋勇前进的强大精神动力。

在中国共产党领导人民实现中华民族伟大复兴的奋斗历程中，形成了"坚持真理、坚守理想，践行初心、担当使命，不怕牺牲、英勇斗争，对党忠诚、不负人民"的伟大建党精神，这是中国共产党的精神之源。上海党的一大会址、嘉兴南湖红船，是中国共产党的"产床"，是党梦想起航的地方。浙江作为中国革命红船起航地，在建党活动中形成了以南湖红船为标志的红船精神，是"红色根脉"的源头坐标。小小红船承载千钧，中国共产党从这里诞生，从这里起航。红船精神对中国共产党的创建和发展提出了鲜活、生动而富有象征意义的命题，展现了蕴含在伟大建党精神中的红色基因密码，是伟大建党精神的生动阐释和形象表达。

红船从浙江起航，驶向胜利彼岸，靠的是对马克思主义的信仰，对社会主义和共产主义的坚定信念。党的一大会议在白色恐怖中召开，会议由上海转至嘉兴，最终完成缔造中国共产党的使命，靠的就是坚定的理想信念和百折不挠的革命精神。浙江党组织在极其险恶的环境下一成立，立即投入革命实践，组织开展工农运动，迅速掀起革命浪潮。四一二反革命政变后，面对腥风血雨，中共浙江省委成立，燃起了武装反抗国民党反动统治的革命烈火。抗日战争时期，党领导武装力量挺进敌后，在浙江开辟了拥有4个地区级、16个县级政权的浙东抗日根据地和拥有4个地区级、10个县级政权的浙西抗日根据地；周恩来视察东南抗日前线，极大地鼓舞了浙江群众的抗战斗志；台湾义勇队、永嘉战时青年服务团、中华民族解放先锋队、浙江省文化界抗敌协会等抗日救亡团体纷纷成立，抗战文学、抗战戏剧、抗战歌咏等抗日救亡文化运动蓬勃发展。解放战争时期，党领导的武装从小到大、从弱到强，不断发展壮大。在惊涛骇浪的革命大潮中，浙江党组织历经坎坷而不畏艰险，屡受考验而不改初衷，追求真理而不懈奋斗，全省党员从1922年初创时期的3人，发展到1949年浙江大陆解放时的4.7万人。

　　红船从浙江起航，驶向胜利彼岸，走出了一条艰苦卓绝、可歌可泣的漫漫长路。纵览新民主主义革命的伟大历程，中国共产党带领浙江人民从苦难中奋起，一次次迎难而上，一次次浴火重生。浙江是国民党统治的腹心地区，是国民党着力打造的"模范省"，是敌人重点防范的地区，斗争环境尤为残酷。1927年4月9日，国民党右派在宁波首先开始"清党"，这是东南各省市最早实行"清党"的地区之一。此后，原来生机勃勃的浙江一片腥风血雨。中共浙江省委在黑暗中高举革命的旗帜，开始武装反抗国民党的革命道路。至1936年，全省先后爆发武装暴动60多次，遍及50余个县，参加暴动人员超过10万人，沉重打击了国民党在浙江的反动统治。中国工农红军第十三军成立，将士超过6000人，足迹遍及温州、台州、丽水、金华4个地区所属20余个县，发动大小战斗百余次，在充满艰险和荆棘的征途中，1700多名党员和红军战士牺牲，营连以上指战员几乎全部捐躯。中国工农红军挺进师在浙江创建了浙西南、浙南游击根据地，粉碎了敌人数次"围剿"，有力地策应了中央红军的战略转移，挺进师在三年游击战争中牺牲人数超过千人。

红船从浙江起航，驶向胜利彼岸，奏响的是人民至上、鱼水情深的赞歌。中国共产党从诞生那天起，就走上了为中国人民谋幸福、为中华民族谋复兴的道路。红船之所以能够从南湖驶向全中国，历经风浪而行稳致远，最根本的就在于党始终保持同人民群众的血肉联系，体现了为人民奋斗的无私奉献精神。衙前农民运动中，农民领袖李成虎喊出"好要大家好，有要大家有"的朴实口号，党领导的农民协会开展减租斗争，保护农民经济利益，得到了农民兄弟真心拥护。红军挺进师进入浙西南后，宣传共产党的宗旨和政策，打土豪，分田地，废除苛捐杂税，广大农民第一次拥有了自己的土地，纷纷参加红军，革命力量不断发展壮大。抗日战争时期，新四军在开辟浙东、浙西抗日根据地的征途中，在这片红色土地上孕育出患难与共、血肉相连的鱼水亲情。在血与火、生与死的考验面前，千千万万共产党人用热血和生命铸就了忠于党、忠于人民、无私奉献的优秀品质，树起了不朽丰碑。

"秀水泱泱，红船依旧；时代变迁，精神永恒。"习近平同志在浙江工作时概括提炼的红船精神成为浙江乃至全国广大干部群众心中的精神旗帜。红船精神流淌在浙江干部群众的血液里，激励着广大干部群众敢为人先、创业创新，实干图强、担当有为，服务人民、忠诚奉献，推进各项事业高质量发展。这些伟大革命精神跨越时空，永不过时，是砥砺我们不忘初心、牢记使命的不竭精神动力。这些宝贵精神财富跨越时空，历久弥新，集中体现了党的坚定信念、根本宗旨、优良作风，凝聚着中国共产党人艰苦奋斗、牺牲奉献、开拓进取的伟大品格，深深融入我们党、国家、民族、人民的血脉之中，为立党、兴党、强党提供了丰厚滋养。

铭记初心扛使命　勇立潮头谱华章

一切向前走，都不能忘记走过的路；走得再远、走到再光辉的未来，也不能忘记走过的过去，不能忘记为什么出发。回望过往历程，眺望前方征途，我们必须始终赓续红色血脉，用党的奋斗历程和伟大成就鼓舞斗志、指引方向，用党的光荣传统和优良作风坚定信念、凝聚力量，用党的历史经验和实践创造启迪智慧、砥砺品格，继往开来、开拓前进。

以史为鉴，可以知兴替。功成名就时做到居安思危、保持创业初期那种励精图治的精神状态不容易，执掌政权后做到节俭内敛、慎终如始不容易，承平时期严以治吏、防腐戒奢不容易，重大变革关头顺乎潮流、顺应民心不容易。我们要用历史映照现实、远观未来，从中国共产党的百年奋斗中看清楚过去我们为什么能够成功、弄明白未来我们怎样才能继续成功，从而在新的征程上更加坚定、更加自觉地牢记初心使命、开创美好未来。

习近平总书记的掌舵领航是我们应对各种风险挑战、不断从胜利走向胜利的最大主心骨、最可靠保证。"八八战略"是习近平总书记给浙江倾情擘画、量身定制的总纲领总遵循，是省域发展的全面规划和顶层设计，给浙江大地带来了全方位、系统性、深层次的精彩蝶变，开辟了中国特色社会主义在浙江生动实践的新境界，是习近平新时代中国特色社会主义思想在浙江萌发与实践的集中体现和重要标志。党的十八大以来，习近平总书记先后五次亲临浙江，赋予浙江一系列重大使命。2023年，习近平总书记对"八八战略"实施20周年作出重要指示，进一步标定了浙江的历史新方位、奋斗新坐标、实践新路径，为浙江奋进新征程、建功新时代指明了前进方向，注入了强劲动力，提供了根本遵循。

了解历史才能看得远，理解历史才能走得远。我们要深刻感悟习近平新时代中国特色社会主义思想在浙江大地的探索和实践，深刻认识浙江改革发展的每一项成就都饱含着习近平总书记的心血，每一步跨越都离不开习近平总书记的关怀，用心用情感悟习近平总书记心系人民、心忧国家、胸怀天下的领袖品格和洞悉规律、高瞻远瞩、深谋远虑的雄才伟略，感悟习近平总书记对浙江人民、浙江大地的深情大爱，增强对习近平总书记的深厚感情、由衷敬仰、坚定拥戴。

我们要始终牢记浙江作为中国革命红船起航地的无上光荣，大力弘扬伟大建党精神和红船精神，把好世界观、人生观、价值观这个"总开关"，始终忠诚于党、忠诚于人民、忠诚于马克思主义，持续夯实坚定捍卫"两个确立"、坚决做到"两个维护"的思想根基，深入推进习近平新时代中国特色社会主义思想的实践探索，坚持把创新深化、改革攻坚、开放提升作为推动浙江实现高质量发展的基本路径，加快打造高水平创新型省份、高质效改革先行省、高能级开放大省，始终干在实处、走在前列、勇立潮头，在新征程上续写好"八八战略"这篇大文章，坚定不移沿着习近平总书记指引的道路奋勇前进。

历史见证壮阔的行进，历史彰显信仰的伟力。红色资源是我们党艰辛而辉煌奋斗历程的见证，是最宝贵的精神财富，一定要用心用情用力保护好、管理好、运用好。我们要赓续红色血脉，把革命先烈流血牺牲打下的红色江山守护好、建设好，努力创造不负革命先辈期望、无愧于历史和人民的新业绩。

对历史方位和历史使命认识越深刻，历史自觉就会越强烈。站在新起点，踏上新征程，在以习近平同志为核心的党中央坚强领导下，浙江人民将用好红色资源，弘扬红色文化，传承红色基因，深入学习贯彻习近平新时代中国特色社会主义思想，以伟大建党精神和红船精神、与时俱进的浙江精神激发锐意进取、开拓创新的精气神，坚定捍卫"两个确立"，坚决做到"两个维护"，坚定不移深入实施"八八战略"，在推进共同富裕和中国式现代化建设中发挥示范引领作用，奋力打造新时代全面展示中国特色社会主义制度优越性的重要窗口！

南湖红船

杭州解放纪念碑

宁波樟村四明山革命烈士陵园

温州中共浙江省一大纪念碑

湖州新四军苏浙军区纪念馆

嘉兴南湖革命纪念馆

绍兴梁柏台红色教育基地

陈望道故里

舟山青龙山革命烈士纪念碑

浙江红色文化名片 ZHEJIANG HONGSE WENHUA MINGPIAN

杭 州

衙前农民运动纪念馆

西子湖畔报春信
钱塘儿女铸丰碑 ★★★

杭州是中华文明发祥地之一、中国七大古都之一，作为中共浙江地方组织诞生地，也是中国革命的红色沃土。

1922年9月，浙江第一个中共地方组织——杭州小组宣告成立，杭州人民的革命斗争不断向前推进。衙前农民运动，开党领导现代农民运动之先河；西湖会议、杭州谈判，为两次国共合作奠定基础。抗日战争时期，周恩来浙西之行、新四军两渡富春江，吹响了东南抗日前哨的集结号；解放战争时期，"于子三运动"、金萧支队的武装斗争，有力打击了国民党在浙江的反动统治。

在血与火的斗争中，"铁道三杰"之沈干城、"孤岛"抗战女杰茅丽瑛、文人英烈郁达夫等革命斗士前赴后继；杭州十年狱中斗争，牺牲的4位省委书记、代理书记，32位县委书记和所有被关押的1512位革命者，更是用满腔热血和铮铮铁骨，谱写了忠诚与信仰的壮丽篇章。

大义留青史　山河忆风云

浩荡东风，峥嵘岁月。中国共产党带领英勇的杭州人民，百折不挠，浴血奋战，谱写了一首首壮丽的革命史诗。

"一师风潮"

五四运动后，浙江省立第一师范学校（简称"一师"）逐渐成为杭州乃至全省新文化运动的中心。在校长经亨颐的主持下，一师积极推行教育改革，推动民主进步，引起当局强烈不满。以一师学生施存统在《浙江新潮》发表的《非"孝"》一文为导火索，北洋政府下令查禁《浙江新潮》，迫使校长经亨颐离职。教职员和学生奋起抗争，由此引发了一场以"去经留经"为斗争形式，以摧残或维护新文化运动为斗争焦点的"一师风潮"。"一师风潮"是浙江新旧文化、新旧思想的一次激烈交锋。师生的正义斗争，得到全国各地各界

经亨颐

《浙江新潮》

的声援。慑于社会各界的强大压力,浙江当局只得重开谈判,被迫接受师生们提出的诉求,历时两个多月的"一师风潮"以师生的胜利而结束。它的胜利进一步巩固和发展了浙江新文化运动的成果,为中国革命培养和造就了一大批骨干分子。

衙前农民运动

中国共产党成立后,就特别注意教育和发动农民。在早期共产党人的领导下,1921年9月27日,衙前农民协会在东岳庙诞生,发表了中国现代史上第一个农民革命斗争纲领——《衙前农民协会宣言》和《衙前农民协会章程》。此后的两个月中,萧山、绍兴、上虞三县(今萧山区、柯桥区、上虞区)共有82个村相继建立农民协会,10余万贫苦农民投入这场声势浩大的反抗封建地主阶级的运动中,主要领导人有李成虎、沈定一、刘大白、杨之华等。衙前农民运动是中国共产党成立后领导的第一次有组织、有纲领的农民运动,揭开了中国现代农民革命斗争的序幕。衙前镇凤凰村现建有衙前农民运动纪念馆,存有衙前农民协会旧址、李成虎故居等遗址。

衙前农民协会旧址

衙前农民运动纪念馆

中共中央西湖会议

1922年8月29—30日，中国共产党中央执行委员会在杭州西湖举行特别会议（简称"西湖会议"），讨论国共合作问题。陈独秀、李大钊、蔡和森、张国焘、高君宇、共产国际代表马林及翻译张太雷7人出席。会议讨论并通过了有条件地接受共产国际代表关于中国共产党党员以个人身份加入国民党的建议，为中共三大实行国共两党合作、建立民主革命统一战线的决议奠定了政治基础。西湖会议是中国共产党历

陈独秀

李大钊

史上一次重要的会议，对中国共产党和中国革命的前景都产生了深远的影响。

西湖旧照

杭州党团组织建立

1922年，俞秀松受社会主义青年团临时中央局委派，到杭州筹建团的地方组织。同年4月19日，社会主义青年团杭州支部在杭州皮市巷3号成立，俞秀松兼任书记。这是浙江省第一个青年团组织，也是全国最早建立的17个团组织之一。同年6月7日，杭州团支部扩建为团杭州地方执行委员会，有执行委员5人，

俞秀松

于树德

庄文恭任书记。

1922年8月底,中共上海地方执行委员会兼江浙区执行委员会书记徐梅坤来杭开展建党工作;9月初,中共杭州小组在皮市巷3号正式成立,成员有于树德、金佛庄、沈干城,于树德任组长。次年,中共杭州小组扩建为党支部。中共杭州小组是浙江的第一个中共地方组织。1926年1月,中共上海区委决定将杭州独立支部扩建为中共杭州地方委员会(简称"中共杭州地委"),顾作之任书记。在中共浙江省委成立之前,中共杭州地委担负了在全省发展党员、建立组织的任务。

中共杭州小组纪念馆

中共浙江省委成立

第一次国共合作破裂以后,浙江的党组织遭到严重破坏。为恢复革命力量,加强对党的工作的领导,中共中央决定建立中共浙江省委。1927年6月,中共浙江省委在中共杭州地委的基础上正式成立,庄文恭任省委书记。这是浙江最早建立的省委组织,省委的建立使全省党的组织有了统一的领导机构。因斗争环境极端险恶,省委机关屡遭破坏,不到2年时间先后有10任省委书记和代理书记,其中8位牺牲于革命斗争中。1929年4月,中共中央决定暂时取消中共浙江省委,将浙江全省划分为6个中心县(市)委,并直属中央领导。现有中共浙江省委机关旧址陈列室,位于杭州市拱墅区狮虎桥河下2号。

中共浙江省委机关旧址(狮虎桥河下2号)

王若飞到浙传达八七会议精神

1927年9月下旬,中共中央委派王若飞以特派员的身份到杭州指导浙江工作。同年9月26日晚,王若

杭 州

王若飞

飞在中共浙江省委扩大会议上传达八七会议精神，指出当前的急切任务是进行武装暴动，开展土地革命，夺取政权。此后，中共浙江省委抽调力量把党的工作重心逐步转向农村。在各地党组织领导下，各地先后爆发了大规模的农民武装暴动。

浙江陆军监狱中的斗争

1927年大革命失败后，浙江陆军监狱成为国民党关押、迫害共产党员、国民党左派人士和革命群众的主要场所。从1927年4月到1937年7月，先后被关押的"政治犯"有1512人，其中共产党员1508人，遇难152人，包括张秋人、徐英、卓兰芳、罗学瓒4位浙江省委书记、代理书记，以及40余位中共浙江省、市、县的党团、军队领导人。在狱中，英勇的共产党人并没有被酷刑和死亡吓倒，而是把监狱作为战场，建立了狱中党支部，同国民党反动派进行英勇顽强的斗争，为后人留下了可歌可泣的历史篇章。

浙江陆军监狱旧貌，该监狱位于杭州小车桥（现为望湖宾馆）

1930年8月，在浙江陆军监狱的"政治犯"难友

周恩来与国民党代表张冲在杭州柏庐招待所前的合影

国共谈判地之一——烟霞洞

国共两党杭州谈判

西安事变的和平解决促成了国共两党在共同抗日基础上的第二次合作。1937年3月下旬至4月初，周恩来代表中共中央与蒋介石在杭州就国共合作举行谈判，明确表示共产党是为国家和民族的利益谋求同国民党合作，其立场是站在民族解放、民主自由、民生改善的共同奋斗的纲领上的。在谈判中，周恩来重申了中共中央提出的15项谈判条件，并提出几点合理的具体要求。国共两党在杭州谈判为促成全面停止内战、推动一致抗日的新局面起到了重要的作用。

中共浙江省临时工作委员会（省工委）成立

抗日战争全面爆发后，浙江的中共组织得到迅速恢复和发展。1937年11月，中共浙江省临时工作委员会（简称"浙江省临工委"）在杭州成立，徐洁身任书记。1938年2月，浙江省临工委改建为浙江省工委，顾玉

浙江省临工委（省工委）秘密联络点——嵊县（今嵊州市）沃基村邢子陶家

良任书记。中共浙江省级组织的成立,对各地抗日救亡运动的开展和党组织的壮大起到积极的推动作用。

浙西抗日根据地的反顽斗争

根据中共中央、华中局的指示,新四军十六旅于1943年11月进军郎(溪)广(德)长(兴)地区,开辟抗日根据地。1945年初,新四军苏浙军区成立,粟裕任司令员,并实施向浙江东南发展的作战方案,引起国民党顽固派的恐慌和反扑,浙西新四军被迫自卫;2—3月,新四军接连取得两次反顽自卫战胜利,歼灭顽军3000余人,基本控制了东、西天目山,建立了浙西抗日根据地;5月,顽军集结6万余兵力发动第三次进攻,新四军先发制人,打乱顽军部署,攻占新登后主动撤离,诱敌追击,在孝丰等地围歼顽军,取得了第三次反顽自卫战的胜利。三次反顽自卫战共歼顽

新登战役纪念馆

军 12000 余人，粉碎了国民党顽固派聚歼苏浙军区主力、驱逐新四军出江南的企图。

"于子三运动"

1947 年 5 月，全国性的反饥饿反内战学生运动以后，国民党当局对各地学生民主运动实行高压政策。同年 10 月，国民党中统浙江调查室秘密逮捕浙江大学学生自治会主席于子三，并将其迫害致死，制造了震惊全国的"于子三惨案"。在浙江大学中共组织和进步学生的发动下，同年 10 月 30 日上午，浙江大学学生自治会宣布全校罢课。同日下午，1200 余名浙江大学学生在杭州举行声势浩大的游行。在中共中央上海局青年组的领导下，浙江大学学生提出"反迫害、争自由、求生存"的口号。由"于子三惨案"引发的学生运动，迅速波及全国，给国民党反动统治以沉重打击。

"于子三惨案"成为全国掀起"反迫害、争自由、求生存"运动的导火线

解放军进入杭州市区

庆祝杭州解放会场

杭州解放

1949年3月,中共杭州市委成立,林枫任书记,柯里、方晓任常委。市委成立后,将保护城市、迎接解放作为主要任务,开展了保护工厂、学校和城市基础设施的斗争,为解放与接管杭州奠定了基础。同年5月3日拂晓,中国人民解放军第三野战军第七兵团第二十一军从余杭向杭州进发,从南北两个方向向市区发动进攻,下午3时许,解放军在数万群众的热烈欢迎中列队进入杭州,二十三军也于当晚进入杭州市区。同年5月11日,杭州解放后的首届中共杭州市委员会成立,谭震林任书记;5月24日,杭州市人民政府成立,谭震林兼任市长。

青山埋忠骨　碧血润初心

杭州既有秀美西湖,亦不乏青山忠骨。他们是"为有牺牲多壮志,敢教日月换新天"的志士,是为理想而九死未悔的勇士。

童润蕉（1903—1930）

浙江建德人。1927年春，在胞弟童祖恺鼓励和引导下，走上了革命道路。同年冬，加入中国共产党，担任党的机要工作和地下通信联络员。后曾任中共建德县大洋区（今建德市大洋镇）区委书记，中共建德县委委员、宣传部部长。1930年7月，参与组织建德农民武装暴动，失利后被捕；7月16日，在下埠溪滩刑场就义。

童润蕉

童祖恺（1907—1930）

浙江建德人。1925年五卅惨案发生后，积极参加反帝爱国斗争。1926年，加入中国共产党。四一二反革命政变后，在建德大洋一带坚持斗争，发展党员，创办农民夜校，宣传革命真理。1927年9月，任中共建德县委第一任书记。曾撰写《浙西现状报告》，向中共中央汇报了浙西当时的政治、经济、军事及农民革命情绪等情况。1930年5月，回建德组织领导农民武装暴动，后不幸被捕；7月27日，在建德梅城就义。

童祖恺

罗学瓒（1893—1930）

湖南湘潭人。早年就读于湖南省立第一师范学校。1918年，与毛泽东、蔡和森一起组织成立新民学会。1919年，赴法国勤工俭学。1921年回国后，即加入中国共产党。曾任中共醴陵县（今醴陵市）委书记、湘潭工委书记等。1922年秋，被派回长沙，从事工人运动。1923年以后，担任湘区党委委员，中共湖南省委委员兼组织部、宣传部部长等，并以特派员身份视察农民运动。1925年，任中共醴陵地方执行委员会书

罗学瓒

记,组织醴陵地方武装配合北伐军攻克县城,推动了当地农民运动的迅速发展。1929年初,受中共中央委派,赴杭州参加中共浙江省委的领导工作,先后任宣传部部长、代理省委书记。后因遭叛徒出卖被捕,囚于浙江陆军监狱。1930年8月27日,在狱中牺牲。

龙大道(1901—1931)

龙大道

贵州锦屏人,侗族。1923年11月,加入中国共产党。1924年9月,赴莫斯科东方大学学习。回国后,任中共上海曹家渡部委书记兼工人部部长。1927年3月,任上海总工会常务委员兼经济斗争部部长,参与组织上海工人第二次、第三次武装起义;四一二反革命政变后,遭悬赏缉拿;4月,参加在武汉召开的中共五大;8月,被捕入狱;11月,成功组织越狱。1928年5月,任中共浙江省委常委、代理书记,大力恢复党的组织,发展革命力量。1930年8月,任中国自由运动大同盟主席兼中共党团书记。1931年1月,于上海被捕;2月7日,与24位共产党员在上海龙华被国民党反动派秘密杀害。

李硕勋(1903—1931)

李硕勋

四川高县人。1924年,加入中国共产党。1926年底,任国民革命军第四军第二十五师政治部主任,率部参加北伐。1927年,参加八一南昌起义,任国民革命军第十一军第二十五师党代表兼政治部主任。1928年4月起,任中共江苏省委秘书长,中共浙江省委军委书记、组织部部长、省委代理书记等。1929年3月,调回上海,参与筹建中国工农红军第十四军的工作。

1931年5月，改任中共广东省委军委书记；8月13日，前往海南岛主持军事会议，在海口遭叛徒出卖被捕；9月5日，在海口牺牲。2009年，入选"100位为新中国成立作出突出贡献的英雄模范人物"。

沈干城（1898—1934）

沈干城

上海浦东人。1922年，加入中国共产党，是浙江最早的中共地方组织——杭州小组的三名成员之一，浙江工人运动的先驱。同年10月，创办沪杭铁路闸口机厂工人自修学校，后发动和领导了闸口机厂工人第一次罢工。1926年1月，任中共杭州地委工人部部长，参与筹建杭州总工会。参与组织工人武装"沪杭甬铁路工人纠察队"，支援革命军北伐，配合上海工人第三次武装起义。1927年6月，在杭州被捕。1934年9月，牺牲于苏州江苏陆军监狱。

茅丽瑛（1910—1939）

茅丽瑛

浙江杭州人。早年就读于苏州东吴大学。1936年，参加由中共领导的进步群众组织乐文社，参与抗日救

职妇剧团公演后全体合影（后排左一为茅丽瑛）

亡活动。1938年5月，加入中国共产党，并被选为上海职业妇女俱乐部主席，带领广大妇女群众开展抗日救亡活动，为新四军筹集物资和军费。1939年12月，遭到汪伪特务暗杀。2014年，入选民政部公布的第一批300名著名抗日英烈和英雄群体名录。

孙晓梅（1914—1943）

浙江富阳人。1937年冬至1938年秋，在家乡参加抗日宣传和农民的减租减息运动。1938年10月，赴皖南参加新四军，后随工作队赴苏南抗日根据地。1940年9月，加入中国共产党，历任中共镇（江）丹（阳）、武进县（今武进区）委妇女部部长，长江工委委员，镇丹中心县委民运工作队队长。负责民运和交通联络工作，多次为护送干部联络渡江路线，或直接护送干部北渡。1943年4月27日，护送干部过江后返回途中被日本宪兵抓捕杀害。2015年，入选浙江省第一批著名抗日烈士和英雄群体名录。

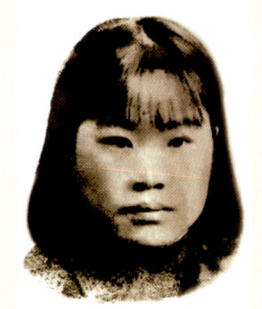
孙晓梅

郁达夫（1896—1945）

浙江富阳人。著名作家和诗人。早年赴日本留学，后在北京大学、武昌师范大学、中山大学任教，从事文学创作活动，出版了《沉沦》《春风沉醉的晚上》等500余万字著作。参与发起中国自由运动大同盟暨左翼作家联盟（简称"左联"）。抗日战争全面爆发后，任国民政府军事委员会政治部第三厅设计委员、新加坡文化界战时工作团团长及文化界抗日联合会主席等。1945年8月29日，在印度尼西亚被日本宪兵秘密绑架，后在苏门答腊被秘密杀害。2014年，入选民政部公布

郁达夫

的第一批 300 名著名抗日英烈和英雄群体名录。

蒋　忠（1911—1948）

浙江富阳人。1930 年，加入中国共产党，在富阳组织队伍开展农民武装暴动，后被捕，囚禁于浙江陆军监狱。抗日战争全面爆发后，获释出狱，先后到江山县（今江山市）、义乌县（今义乌市）政工队工作，发展党的组织。后历任中共浦江县工委书记，中共富阳县（今富阳区）特派员，金萧支队第二大队中队长、支队部侦察参谋等。抗日战争胜利后，继续在金萧地区坚持斗争，历任中共路西县（今富阳、桐庐、浦江等地交界处）特派员、中共路西县委书记、会稽山人民抗暴游击司令部副司令员。1948 年 6 月，进行策反工作时与敌遭遇，不幸中弹牺牲。

蒋忠

浩气贯日月　薪火永赓续

在波澜壮阔的革命历程中，无数英雄志士在杭州留下了红色足迹。每一处遗址遗迹，都闪耀着一段激情燃烧的岁月，述说着一个壮丽而鲜活的革命故事。

李成虎故居

位于萧山区衙前镇东岳庙西。原祖宅有三间平屋，为清代建筑，坐北朝南，建筑面积 40 平方米。李成虎，1854 年出生，是衙前农民运动的主要领导人，他自出生至 1921 年 12 月 27 日被捕前，一直居住于此。现建有李成虎故居纪念馆，为浙江省重点文物保护单位。

李成虎

李成虎故居

中共鸭兰村支部旧址

位于临平区崇贤街道鸭兰村。四一二反革命政变后,中共杭州地委转移工作重点,积极开辟农村革命阵地。1927年6月,在中共杭州地委的领导下,中共杭县(今杭州市东)县委委员马东林在鸭兰村召开党员大会,宣布成立中共鸭兰村支部,这是杭州地区第一个农村党支部,点燃了杭县大地革命斗争的星星之火。旧址现为杭州市党史现场学习基地、党员教育示范基地。

中共鸭兰村支部旧址

中共西镇区委旧址

位于余杭区仁和街道花园村。1927年6月，中共杭县第一个农村党支部——中共鸭兰村支部成立后不久，又相继成立了林家兜、王家庄、行宫塘等党支部，为便于统一领导，中共浙江省委、中共杭县县委于同年10月在林家兜召开党员大会，成立中共西镇区委。1930年5月，中共西镇区委组织发动了2000余名农民参加的西镇农民暴动。旧址现为杭州市党史教育基地、党风廉政教育基地。

中共西镇区委旧址

邹子侃烈士墓

位于临安区锦城街道新溪桥烈士陵园内。邹子侃，1912年出生于临安锦城。早年就读于浙江省立甲种农业学校。1926年下半年，加入中国共产党。1927年11月，在笕桥被国民党军警逮捕，关押在浙江陆军监狱。在狱中，被推举为中共狱中特别支部组织委员、特别支部书记。根据中共浙江省委指示，积极进行越狱准备，并担任总指挥，由于计划泄露，越狱未成。1932年2月2日，在浙江陆军监狱牺牲。烈士墓现为杭州市文

邹子侃烈士墓

物保护单位。

枫树岭白马红军标语墙

位于淳安县枫树岭镇大桥头村俞氏小祠堂。1934年9月18日，中国工农红军北上抗日先遣队从常山进入白马、里湖、石柱口、余村一带，并在白马召开了九一八纪念大会。其间，红军在民房上写下抗日标语，其中枫树岭镇大桥头村石柱口自然村俞氏小祠堂外墙上的标语，在当地群众的精心保存下，一直保留至今。红军标语墙现为杭州市爱国主义教育基地。

红军标语墙

红军北上抗日先遣队侯头之战纪念碑

位于临安区清凉峰镇白果村。1934年12月初，红军北上抗日先遣队红十九师由寻淮洲、刘英率领进入昌化；12月2日下午，红军在此地与前来堵截的国民党安徽省保安团展开激战，毙敌50余名，击毁敌军车31辆，红军主力越过杭徽公路北上。1996年，临安市（今临安区）人民政府在原战地建造烈士纪念碑，现为杭州市爱国主义教育基地。

侯头之战纪念碑

红军北上抗日先遣队军政委员会会议（茶山会议）旧址

位于淳安县中洲镇茶山村。1935年1月初，红军北上抗日先遣队转战至遂安（今属淳安县）境内；1月9日，由方志敏主持的红十军团军政委员会会议在茶山村方氏宗祠召开。参加会议的有军政委员会主席方志敏、军团长刘畴西、政治委员乐少华、参谋长粟裕、政治部主任刘英等人，史称"茶山会议"。会议决定红

茶山会议旧址（方氏宗祠）

军回闽浙赣根据地坚持斗争。旧址现为浙江省文物保护单位、党史教育基地，淳安县爱国主义教育基地。

中共淳安县委旧址

位于淳安县王阜乡闻家村。中共闽浙赣省委为了在浙西地区发展党的组织，于1934年9月在淳安西部成立了中共浙西工委。至1935年4月，淳安西部已建立4个区委、23个支部，根据中共浙西工委决定，在淳安县板桥村石板庵建立了中共淳安县委，方云志任书记；至6月，县委下辖8个区委、38个支部。

中共淳安县委旧址

中共淳遂歙中心县委驻地遗址

位于淳安县姜家镇浮林村（原遂安县郭村乡马鞍脚村）。1935年12月，中共闽浙赣省委书记关英指派独立师政治部主任刘忠林率浙皖边区武装工作队进入皖浙交界的淳安、遂安、歙县边境开展游击活动。至1936年4月，陆续建立了4个区委。中共皖浙赣省委指示在遂安县郭村乡马鞍脚村成立中共淳遂歙中心县委，何英任书记。1936年6月，中共淳遂歙中心县

中共淳遂歙中心县委旧址

委升格为中共下浙皖特委。

民族日报社旧址

位于临安区於潜镇后渚村（原鹤村）。1939 年 1 月 5 日，《民族日报》发刊于临安於潜鹤村，以时任国民党浙江省政府主席黄绍竑的名义创办。办报宗旨为"粉碎敌伪宣传，配合政治进攻"。报社社长王闻识、总编辑金瑞本，绝大多数编辑、记者、电讯员及印刷工人都是共产党员和进步分子。该报以客观的事实、鲜明的立场，宣传党的方针、政策，推动抗日救亡运动的发展，成为浙西抗日文化的一面旗帜。旧址现建有民族日报社纪念馆，为浙江省党史教育基地。

民族日报社纪念馆

周恩来西天目山演讲旧址

位于临安区天目山国家级自然保护区禅源寺东侧原"百子堂"。1939 年 3 月，中共中央革命军事委员会副主席周恩来受中央书记处委托，以国民政府军事委员会政治部副部长的身份，到东南抗日前线视察并传达党的六届六中全会精神；3 月 24 日，周恩来在禅

周恩来演讲旧址（禅源寺）

源寺浙江省立浙西临时中学开学典礼上发表抗战演讲，高度评价了浙江抗战以来所取得的成绩，称赞浙江是东南战场的先锋。周恩来浙西之行，对发展抗日民族统一战线、推动浙江党的建设等产生了深远影响。旧址现为杭州市爱国主义教育基地。

新四军苏浙军区第一纵队随军被服厂旧址

位于余杭区鸬鸟镇山沟沟村。1945年3月，新四军苏浙军区第一纵队在余杭西部山区整训，随军被服厂设在茅塘。被服厂自成立以后，因地制宜，利用简陋的工具进行生产。1945年6月中旬，被服厂随军紧急撤至安吉孝丰一带。旧址现为杭州市党史现场学习基地。

新四军苏浙军区第一纵队随军被服厂旧址

新四军渡江会师纪念碑亭

位于富阳区环山乡。1945年初，新四军苏浙军区在取得第一、二次天目山反顽自卫战胜利后，为贯彻执行党中央关于发展东南的战略部署，曾派出部队先后两次南渡富春江。第一次南渡是在同年5月19日，新四军苏浙军区四纵十一支队成功渡过富春江，与新四军浙东游击纵队第三支队在中埠会师。第二次南渡是在同年8月1日凌晨，新四军苏浙军区四纵十一支队和十支队又从富阳南渡富春江，与新四军浙东游击纵队第三支队一大队和金萧支队会师，转战金萧地区。同年8月14—15日，又奉命北返渡过富春江。新四军苏浙军区两次南渡富春江，使浙东、浙西两块抗日根据地连成一片，有力打击了日、伪、顽军的战略进攻。原址现为富阳区爱国主义教育基地。

新四军渡江会师纪念碑亭

塔山烈士陵园

位于富阳区新登城西塔山上。为了打破国民党顽军对新四军苏浙军区的围攻，苏浙军区于1945年5月29日发起新登战役，新四军7000余人从临安南下新登；6月2日，占领新登城。接着，又粉碎了顽军第一纵队等部10个团的反扑。为保持主动，新四军于同年6月4日主动撤离新登。新登战役共歼顽军2200余人，新四军伤亡900余人。1953年，新登战役塔山烈士陵园建成，现为浙江省革命传统教育基地、文物保护单位。

新登战役烈士纪念碑（塔山烈士陵园）

中共江东县工委、江东县政府东毛村驻地遗址

位于桐庐县凤川街道大源村。1948年6月21日，中共江东县工委、江东县政府在浦江县塘波村成立，下设兰浦、桐浦、建浦3个区。其间，中共江东县工委、江东县政府经常到桐庐县三管乡（今属凤川街道）一带开展活动，东毛村方杨根等百姓的家便是工作人员经常落脚的"堡垒户"。

中共江东县工委、江东县政府东毛村驻地遗址

浙东人民解放军金萧支队纪念馆

浙东人民解放军金萧支队纪念馆

位于桐庐县新合乡。为了加强对浙赣铁路以西、富春江以东广大地区武装斗争的领导，1948年9月，中共浙东临工委在诸暨马剑建立了浙东人民解放军金萧支队，蒋明达任支队长，张凡任政委。随后，金萧支队所属的金萧报社、修械所、后方医院等转移到桐庐的新合乡山桑坞等村，新合乡成为金萧支队活动的中心。纪念馆现为浙江省党史教育基地。

马叙伦

马叙伦与杭州主题展览馆

位于西湖区转塘街道。马叙伦，1885年出生，杭州人。1911年，加入中国同盟会。1935年华北事变后，发起组织北平文化界抗日救国会并任主席。抗日战争胜利后，积极投身于中国共产党领导的爱国民主运动。1945年，在上海发起成立了中国民主促进会，是中国民主促进会的主要创始人和首位中央主席。1946年6

月23日，作为上海人民和平请愿团团长，赴南京呼吁和平，在下关车站遭国民党暴徒殴打，此事件迅速在全国范围内掀起了一个反对内战、反对专制的爱国民主运动高潮。中华人民共和国成立后，马叙伦历任教育部部长、高等教育部部长、全国政协副主席等。晚年留下政治遗嘱："我们只有跟着共产党走，才是在正道上行。"杭州金刚寺巷附近建有马叙伦公园，是民进会史教育的新阵地。

马叙伦与杭州主题展览馆

奋力追梦行　建设新天堂

杭州是一座有着光荣革命传统的城市，革命斗争为杭州留下了诸多革命文物和红色资源，现有红色资源点386个，革命遗址131处。它们蕴含着深厚的革命情感，浸透着先辈的鲜血汗水，凝结着城市的红色记忆。杭州高度重视红色资源保护、利用工作，积极推进革命文物和红色资源调查建库、革命文物保护、红色场馆纪念设施展陈提升、红色基因传承传播、红色旅游促进等五项工程，提炼、弘扬"红巷精神""千鹤妇女精神""南堡精神""围垦精神"。杭州保护革命文物"一三三九"做法被国家文物局列为创新举措向全国推广，"红色记忆"网络宣传平台入围全国"五个一百"网络正能量宣传活动，2条线路7个景点入选全国"建党百年红色旅游百条精品线路"。每一处红色遗址都是一部厚重的历史教科书，每一个红色故事都昭示着一种精神，它们成为杭州人民开拓前进、走向未来的力量源泉。

抚今追昔，杭州是在红色精神激励下发展起来的

钱江新城

特大城市。今天的杭州，是历史文化名城、创新活力之城、生态文明之都，拥有一大批世界知名高科技企业，连续16年获评中国最具幸福感城市，获联合国人居奖、全国文明城市、中国最具幸福感城市、中国十大创新城市、中国十大智慧城市、全球15个旅游最佳实践样本城市、福布斯中国大陆最佳商业城市等诸多荣誉称号。

习近平总书记对杭州知之深、爱之切，曾55次深入杭州实地考察指导，指明了杭州的发展方向和城市定位。杭州始终牢记习近平总书记的殷殷嘱托，全面实施"奋进新时代、建设新天堂"系列变革性实践，高水平推进共同富裕幸福杭州建设，加快打造世界一流的社会主义现代化国际大都市，努力成为中国式现代化的城市范例。

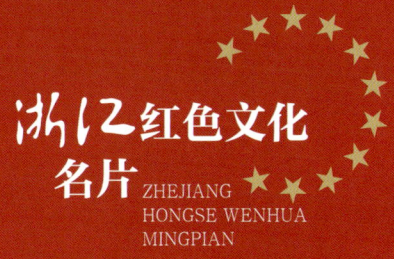

浙江红色文化名片
ZHEJIANG HONGSE WENHUA MINGPIAN

宁　波

中共浙东区委旧址（余姚横坎头）

巍巍四明诉忠魂
滔滔三江写春秋 ★★★

宁波是"书藏古今,港通天下"的历史文化名城,是有着光荣革命传统的"英雄的城市"。在这片红色热土上,发生了许多激荡人心的重大历史事件,涌现出许多可歌可泣的革命烈士、英雄人物,留下了众多的革命遗址、红色印迹。在风云际会的大革命和土地革命战争时期,杨眉山、卓恺泽、王家谟、朱镜我等革命志士不怕牺牲、前赴后继、英勇奋斗,谱写了宁波红色文化的壮丽篇章。宁波既是抗日战争时期浙东抗日根据地的指挥中心,又是解放战争时期浙东游击根据地的重要区域,拥有彪炳史册的红色记忆。丰富厚重、取之不尽的红色文化资源,永远激励后人砥砺奋进、勇毅前行,奋力写好新时代新征程的宁波篇章。

星火燎原地　风云叱咤城

在开天辟地的革命年代,宁波人民在中国共产党的领导下,奋起抗争、百折不挠,谱写了气壮山河的辉煌史诗,为国家独立、民族解放作出了贡献。

中共宁波支部成立

1925年二三月间，中共上海地方执行委员会在宁波月湖西醋务桥启明女中内成立中共宁波支部，周天僇任书记；8月，中共宁波支部改为中共宁波独立支部，杨眉山任书记。中共宁波支部的成立，使宁波有了中国共产党的地方组织，宁波工人阶级和其他劳动群众有了自己的地方领导机构。

中共宁波支部成立地旧址（醋务桥启明女中）

中共宁波地委成立

为了加强宁波地区党组织的领导力量，中共上海区委派徐梅坤来宁波组建中共宁波地委。1926年1月17日，中共宁波地委正式成立，华林任书记。当晚，中共宁波地委第一次会议召开，通过了3项议决案，组建了4个工作机构，同时明确中共宁波地委负责筹建和管辖宁（波）属鄞县（今鄞州区）、慈溪、镇海、定海、象山、奉化6县党的组织。中共宁波地委的成立，标志着中国共产党在宁波有了统一的领导机关。

大革命时期中共宁波地委旧址纪念馆

宁　波 ☆

中共浙江省委扩大会议旧址

中共浙东区委成立旧址（慈溪宓家埭）

中共浙江省委扩大会议在宁波召开

1927年11月，因浙东暴动计划泄密，中共浙江省委和宁波党组织遭到严重破坏；12月，省委机关迁到宁波，在存德小学召开省委扩大会议，省委书记夏曦传达八七会议精神，决定将工作重点从城市转向农村，准备武装暴动。

中共浙东区委成立

1942年7月8日，中共中央华中局决定组建中共浙东区委；7月28日，中共浙东区委在慈溪宓家埭正式成立，谭启龙任书记，何克希兼军事部部长，杨思一任组织部部长，顾德欢任宣传部部长。中共浙东区委的建立，使浙东人民的抗日斗争有了坚强的领导。

谭启龙

新四军浙东游击纵队组建

为了开辟浙东抗日根据地，根据中共中央华中局和新四军军部的指示，中共领导的浙东抗日武装使用"三北游击司令部"的番号。1942年8月成立时，三北游击司令部全体指战员和工作人员共计1510人，这是

035

新四军浙东游击纵队司令部旧址　　何克希

开创浙东抗日根据地的骨干力量。根据新四军军部的命令，1944年1月5日，三北游击司令部在余姚横坎头正式改建为新四军浙东游击纵队，何克希任司令员，谭启龙任政委，下辖4个支队、2个总队，共有主力武装2300余人，地方部队1300余人。新四军浙东游击纵队的建立，标志着中共领导的浙东抗日武装的壮大和游击战争的发展。

梁弄战斗

1941年4月，余姚沦陷后不久，伪军第十师

梁弄战斗遗址

三十七团一营侵占梁弄,并构筑了坚固的防御工事。为开辟四明山抗日根据地,三北游击司令部决定拔除梁弄伪军据点。1943年4月23日拂晓前,三北游击司令部对梁弄伪军据点发起攻击,经过17个小时的战斗,梁弄解放。此后,中共浙东区委和三北游击司令部进驻梁弄,梁弄自此成为中共浙东区委在浙东地区的抗日指挥中心。

浙东敌后各界临时代表会议召开

1945年1月21—31日,浙东敌后各界临时代表会议在余姚梁弄原正蒙学堂召开,浙东各地、各界、各党派、各阶层代表108人与会。会上,中共浙东区委书记谭启龙、新四军浙东游击纵队司令员何克希、临时行政委员会主席连柏生分别作了政治、军事和行政工作报告。会议讨论通过了谭启龙代表中共浙东区委提出的施政纲领,选举产生了由连柏生、吴山民、何克希等9人为委员的浙东行政委员会,通过了《浙东敌后临时参议会章程》,产生了以谭启龙为议长的浙东敌后临时参议会。会后,成立了浙东行政公署,连柏

浙东敌后各界临时代表会议旧址(原正蒙学堂)

生任主任。浙东敌后各界临时代表会议的召开对于进一步团结和发动浙东人民抗日力量，加强浙东抗日民主政权的建设，起了积极的推动作用。

中共浙东工委（临工委）成立

解放战争时期，为了领导浙东各地党组织积极准备开展武装斗争，经中共中央同意，1947年1月，中共中央上海分局在上海成立了中共浙东工委，刘清扬任书记，马青任副书记，王起为委员。1948年1月，中共浙东工委改建为中共浙东临工委，顾德欢任书记。中共浙东工委、中共浙东临工委的建立，统一了对浙东各地党组织的领导，有力推动了浙东游击战争的发展。

中共浙东临工委成立地旧址

重建四明主力武装

1947年5月15日，中共四明工委在慈南余鲍陈村北的草茅庵召开会议，决定集中各地分散的武工队，建立一支小型主力武装，宣布四明主力武装的番号为"第四中队"，对外称"三支二大第四中队"。草茅庵重

重建四明主力武装所在地（草茅庵）

建四明主力武装是四明地区的革命斗争从隐蔽坚持转到游击战争阶段的一个标志。

生当作人杰　死亦为鬼雄

革命战争年代，宁波无数革命先烈抛头颅、洒热血，铸就了不可磨灭的光辉业绩，书写了英勇悲壮的动人华章，激励着四明大地一代又一代宁波儿女奋斗不息。

贺威圣（1902—1926）

贺威圣

浙江象山人。1920年，赴上海求学。1924年，在上海加入中国共产党。先后任上海全国学联宣传部部长、国民党上海特别市党部执行委员。1926年5月，回家乡创建象山第一个党支部；8月，担任中共杭州地委书记，其间，开展策动浙江省省长夏超脱离北洋军阀政府的工作；"夏超独立"失败后，11月3日，贺威圣在杭州仕学旅馆被捕；11月13日，牺牲于杭州清波门外梅东校场。

王 鲲（1905—1927）

浙江鄞州人。1925 年冬，加入中国共产党，参与领导宁波工人运动。1926 年 10 月，宁波总工会成立，王鲲任会长。1927 年 1 月，任中共宁波地委委员；2 月，参与筹建国民党宁波临时市政府，任筹委会委员；4 月 9 日，国民党右派在宁波发动反革命政变，王鲲被捕入狱；6 月 22 日，在宁波小校场（今海曙区鼓楼法院巷一带）牺牲。

王鲲

王家谟（1906—1927）

浙江象山人。1925 年 8 月，加入中国共产主义青年团。1926 年 2 月，转为中国共产党党员。曾任中共宁波地委委员、组织部主任。1927 年 4 月，国民党右派发动反革命政变后，王家谟临危担任中共宁波地委书记，坚持就地秘密斗争；8 月，任中共浙江省委代理书记；10 月，担任浙东暴动委员会主任委员，发动农民暴动；11 月 12 日，因浙东暴动计划、各地暴动领导名单泄露，在温州被捕；11 月 18 日，被国民党杀害于温州。1928 年 1 月 30 日，中共中央机关刊物《布尔什维克》第 15 期刊登文章特别指出，王家谟的牺牲"是浙江党内及浙江工农阶级战线上一个巨大的损失"。

王家谟

沈乐山（1901—1928）

浙江余姚人。1927 年 1 月，加入中国共产党；2 月，北伐军克复杭州后，组织杭州铁路工人纠察队，带领机修厂工人研制铁甲车，支援北伐军向上海进军。历任沪杭甬铁路总工会执行委员、中共闸口机修厂支部书记。同年 9 月，任中共浙江省委委员、常委兼职

沈乐山

工运动委员会主任；11月，在杭州被国民党特务逮捕。1928年1月9日，在浙江陆军监狱牺牲。

卓恺泽（1905—1928）

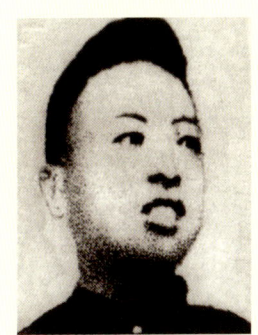

卓恺泽

浙江奉化人。早年就读于浙江省立第四中学。1923年12月，加入中国共产党。曾任中共北京地委候补委员，共青团北京地委书记、江浙区委委员、中央委员，曾在共青团中央宣传部负责编辑《中国青年》。1927年10月，到宁波指导党团基层组织恢复工作；12月，任共青团浙江省委书记。1928年3月，任共青团中央特派员兼共青团湖北省委书记；4月，因遭叛徒出卖在武昌被捕；4月26日，被国民党当局杀害。

沙文求（1904—1928）

沙文求

化名史永，浙江鄞州人。1925年春，考入上海大学社会系；冬，加入中国共产党。1926年1月，受党组织委派，回家乡沙村开展农民运动；6月，中共沙村支部建立，沙文求任书记。大革命失败后，任共青团广州市委委员，参加了广州起义，任赤卫队队长。1928年8月，在广州被捕，于黄花岗被秘密杀害。

裘古怀（1905—1930）

裘古怀

浙江奉化人。早年就读于浙江省立第四中学，1925年11月，考入黄埔军校第四期政治科。1926年，加入中国共产党。1927年3月，任北伐军第十一军第二十四师政治部宣传科科长，因作战勇敢，被誉为"虎胆英雄"；四一二反革命政变后，参加东征讨伐蒋介石，并参加八一南昌起义；12月，受中共浙江省委指派，训练暴动军事人才，奔走于宁波城区、奉化等地。1928年4月22日，被选为中共浙西特委常委兼共青团浙西特委书记；12月，任共青团浙江省委代理书记。1929年1月，在杭州被捕。1930年8月27日，在浙江陆军监狱牺牲。

柴水香（1903—1930）

化名陈文杰，浙江鄞州人。1926年2月，加入中国共产党。曾任宁波手工业工会主席，致力于工人运动。四一二反革命政变后，赴武汉加入国民革命军第二十军，随后参加八一南昌起义。后任中共宁波市委书记。1929年夏，受党派遣赴浙南地区，以加强对农民武装斗争的领导。1930年5月，中国工农红军第十三军（简称"红十三军"）成立，柴水香任军政治部主任、中共浙南特委军事委员，是红十三军的重要领导人；9月18日，在永嘉被捕；9月21日，在温州松台山牺牲。

柴水香

卓兰芳（1900—1930）

浙江奉化人。早年就读于浙江省立第四中学。1924年，参加中国社会主义青年团。1925年夏，转为中国共产党党员。1926年1月，任中共宁波地委委员；5月，建立宁波地区第一个农村党支部——中共松岙支部，任书记。1927年4月，出席在武汉召开的中共五大。历任中共浙江省委委员、常委兼中共浙西特委书记。1928年5月，任中共浙江省委书记。1929年4月，任中共中央巡视员，先后在浙东、浙北、浙西等地巡视指导工作。1930年8月，任浙北总行动委员会书记，

卓兰芳

进行武装暴动的准备工作；9月，在杭州被捕；10月，在浙江陆军监狱牺牲。

柔 石（1902—1931）

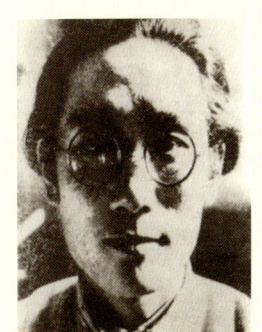

柔石

原名赵平复，浙江宁海人。早年就读于浙江省立第一师范学校。1928年初，任宁海县教育局局长；10月，经鲁迅推荐，负责《语丝》的编辑工作。1930年3月，左联成立，柔石先后任执行委员、常务委员、编辑部主任，负责左联机关刊物《萌芽》编辑工作；5月，加入中国共产党，以左联代表的身份，参加在上海举行的全国苏维埃区域代表大会。1931年1月17日，在上海东方旅社参加党的秘密会议时被捕；2月7日夜，被秘密枪杀于龙华。有《疯人》《旧时代之死》《为奴隶的母亲》等作品存世。

殷 夫（1910—1931）

殷夫

原名徐孝杰，浙江象山人。1926年夏，加入中国共产主义青年团。1927年9月，考入上海同济大学德文补习科，不久，加入中国共产党。1930年3月，左联成立，殷夫为发起人之一，积极为《萌芽》《拓荒者》等左联刊物写稿，成为左联中有重大影响的革命诗人之一；5月，以左联代表的身份，参加在上海举行的全国苏维埃区域代表大会。1931年1月17日，在上海东方旅社参加党的秘密会议时被捕；2月7日夜，被秘密枪杀于龙华。有《殷夫选集》《殷夫集》等作品存世。

杨贤江（1895—1931）

浙江慈溪人。早年就读于浙江省立第一师范学校。

1921年，加入社会主义青年团。1922年5月，加入中国共产党。历任中共上海地委委员、国民党上海特别市党部常委。1927年，参加上海工人第三次武装起义和上海临时市政府的筹建工作。四一二反革命政变后，被国民党右派列入全国197名"应先看管"的共产党员名单之中。1929年5月，从日本回到上海，任中共中央文委委员，发起组织中国社会科学家联盟。1931年8月9日，在日本长崎病逝。译有恩格斯《家族私有财产及国家之起源》等。

杨贤江

张人亚（1898—1932）

原名张静泉，浙江北仑人。1921年4月，加入社会主义青年团。1922年，加入中国共产党。1923年7月，担任中国社会主义青年团上海地方委员会书记。1924年3月，赴莫斯科东方大学学习。1925年夏回国，任中共浦东部委书记。1927年冬，将中共第一部党章、《共产党宣言》中译本等带回宁波霞浦秘藏，为我党保留下一批珍贵的革命文献。1930年，任中国革命互济会全国总会主任。1931年6月，任中共芜湖中心县委书记。同年秋，由上海经香港到达瑞金，在11月7日开幕的中华苏维埃第一次全国代表大会上，当选中央工农检察委员会委员。1932年6月，调任中央出版局局长兼总发行部部长，同时兼任中央印刷局局长；12月23日，由瑞金赴长汀检查工作途中，突发疾病去世。

张人亚

应修人（1900—1933）

浙江江北人。1920年，开始创作新诗，是我国现代诗坛上最早的诗歌团体"湖畔诗社"的发起人之一。

应修人

1925年，加入中国共产主义青年团，后加入中国共产党。四一二反革命政变后，赴莫斯科中山大学学习。1930年8月，回到上海，先后在中共中央革命军事委员会、中央组织部工作，其间，加入左联。1933年3月，担任中共江苏省委宣传部部长；5月14日，在国民党特务追捕中牺牲。

陈寿昌（1906—1934）

陈寿昌

浙江镇海人。1924年，加入中国共产党。1927年6月，当选为中华全国总工会常委。1928年秋，到中共中央特科做情报和党的地下组织联络工作，在周恩来直接领导下，陈寿昌在保卫党中央和侦察敌情方面取得显著成绩。1932年1月，参与组建中华全国总工会中央苏区执行局，任党团书记、主任。1933年2月起，历任中共福建省委书记、中共湘鄂赣省委书记。1934年2月，被选为中华苏维埃共和国中央执行委员；10月，中央红军主力长征后，率部在湘鄂赣根据地坚持斗争；11月，在湖北崇阳老虎洞战斗中牺牲。

夏　曦（1901—1936）

夏曦

湖南益阳人。早年就读于湖南省立第一师范学校。1920年10月，加入社会主义青年团。1921年10月，转为中国共产党党员。1922年1月，赴莫斯科参加远东各国共产党及民族革命团体第一次代表大会。大革命时期，积极从事国共合作运动，是湖南国共合作的重要领导人，曾任国民党湖南临时省党部书记长、国民党湖南省党部中共党团书记。1927年4月，出席中共五大，当选中共中央委员、中共湖南省委书记。

1927年9月下旬，以中央特派员身份到杭州，指导浙江党的工作；11月3日，任中共浙江省委书记，后在上海主持召开浙江省委扩大会议，领导全省各地恢复党团组织。1928年5月，赴莫斯科参加中共六大。回国后，曾任中共江苏省委书记、中共湘鄂西中央分局书记。1935年11月，从湘鄂川黔地区出发长征。1936年2月，在贵州毕节溺水牺牲。

胡 煌（1909—1936）

浙江慈溪人。早年就读于上海澄衷中学。1926年，加入中国共产主义青年团，在家乡从事农民运动。1926年11月，赴上海，在党组织领导的济难会工作；7月，赴莫斯科中山大学学习。1928年，加入中国共产党。1933年，赴闽浙赣苏区工作，历任闽浙赣苏区红十军政治部秘书长、中共闽浙赣省委组织部部长、共青团闽浙赣省委书记等。1936年冬，赴江西中央分局开会途中，因遭叛徒出卖在杭州被捕，不久，在浙江陆军监狱牺牲。

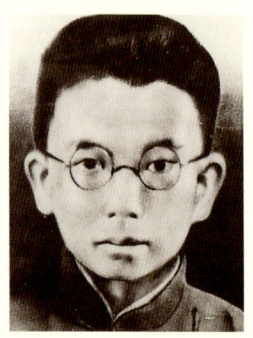

胡煌

朱镜我（1901—1941）

浙江鄞州人。早年留学日本，毕业于东京帝国大学。1927年10月回国后，参加文学团体"创造社"。1928年5月，加入中国共产党，曾任中共中央文化工委书记，参与筹备左联，主持筹建中国社会科学家联盟。1933年12月起，任中共江苏省委宣传部部长、上海中央局宣传部部长。抗日战争全面爆发后，任中共宁波临时特别支部书记、中共浙东临时特委书记。1938年2月，任中共中央东南分局宣传部副部长；11月，赴皖南新

朱镜我

四军军部，任军政治部宣传教育部第一任部长兼《抗敌》杂志主编。1941年1月，在皖南事变中牺牲。

李　敏（1924—1944）

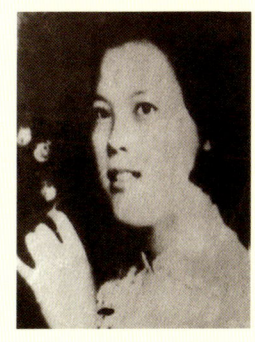

李敏

浙江北仑人。1942年8月，加入中国共产党。1943年春，任中共鄞县樟水区委书记。她机智、勇敢，善于做群众工作，积极动员群众参加革命。1943年秋，调任中共鄞江区委书记。在日军占领区开展抗日救亡宣传，发动群众进行减租减息运动，成立农民协会。1944年2月21日，被国民党浙江保安团逮捕，被刺27刀后牺牲。

朱学勉（1912—1944）

朱学勉

浙江宁海人。1937年10月，赴延安陕北公学学习，其间加入中国共产党。1938年5月，任中共鄞县县委书记，领导抗日救亡运动。1939年9月，任中共余姚中心县委书记。1941年1月皖南事变后，调任中共诸暨县（今诸暨市）委书记，组织诸暨抗日武装。1942年11月，率部赴四明山参加浙东抗日根据地第一次反顽自卫战；12月，任新四军浙东游击纵队金萧支队第一大队大队长。1944年5月27日，在诸（暨）北墨城坞抗击汪伪独立第四旅的战斗中牺牲。

赤胆铸红旗　丰功铭此地

长期的革命斗争，在宁波大地留下了许多红色遗址。这些革命遗址和纪念场馆，是凝固的红色历史、活着的革命事迹、流动的革命精神，见证着宁波波澜壮阔的革命斗争历史。

中共沙村支部旧址

位于鄞州区塘溪镇沙村。1926年初,中共宁波地委派共产党员沙文求回家乡从事农民运动;3月6日,沙村农民协会成立;5月,沙村农民协会会员已发展到近百人。在此基础上,成立中共沙村支部,沙文求任书记。这是宁波地区最早的农村党支部之一。中共沙村支部旧址附近有沙文求烈士故居和沙文求烈士墓。

中共沙村支部旧址(沙氏宗祠)

大革命时期宁波总工会旧址

位于鄞州区演武街2号。1926年10月,中共宁波地委在小校场召开成立大会,公开宣告宁波总工会成立。1927年3月14日,地委委员王鲲当选宁波总工会委员长。在宁波总工会的领导下,宁波工人组织迅速发展起来,会员有8万余人,并建立了宁波工人纠察队。同年3月20日,国民党右派指使暴徒烧毁了设在江北岸封仁桥的宁波总工会会所(今江北区江北公园附近),宁波总工会迁址江东(今鄞州区演武街2号);4月9

大革命时期宁波总工会旧址

日,国民党右派率先在宁波发动反共"清党",总工会会址被查封,王鲲等共产党员英勇就义。1994年,旧址作为宁波工人运动史料陈列馆,正式向社会开放。现为浙江省重点文物保护单位,宁波市爱国主义教育基地、党史教育基地。

中共镇海独立支部遗址

位于镇海区招宝山街道中山路3号。1926年11月上旬,中共宁波地委书记赵济猛在镇海城内模范小

中共镇海独立支部遗址(旧照)

学主持召开党员会议，成立镇海第一个党组织——中共镇海独立支部；11月下旬，该支部帮助国民党建立县党部，实现国共合作，配合北伐军顺利克复镇海。四一二反革命政变后，国民党右派在镇海发动反共"清党"，该支部遭破坏。

胡焦琴烈士纪念碑亭

位于北仑区柴桥街道万景山公园。胡焦琴，女，1902年出生，镇海柴桥（今属北仑区）人。早年就读于静德女子学校，1922年，考入浙江省立第一女子师范学校学习。1926年11月，加入中国共产党，并当选国民党镇海县（今镇海区）党部执行委员兼妇女部部长。1927年四一二反革命政变后，任中共镇海独立支部代理书记；6月6日，因反动分子告密不幸被捕；6月23日，在宁波小校场牺牲。烈士纪念碑亭现为宁波市党史教育基地。

胡焦琴烈士纪念碑亭

中共慈溪县委成立地旧址

位于慈溪市掌起镇裘家村。1927年8—10月，中共慈溪独立支部、中共慈北区委、中共庄桥区委等陆

中共慈溪县委成立地旧址

续建立，但慈溪缺乏一个统一的领导机构；11月，中共浙江省委常委卓兰芳派员来慈溪工作，建立了中共慈溪县（今慈溪市）委，直属于中共浙江省委，机关设在裘市崇义学校，严士英任书记。县委成立后，慈溪的党员人数迅速增加，是大革命时期党员总数的4倍多，使慈溪的革命斗争进入了一个新的历史时期。

鄞南暴动指挥部旧址

位于鄞州区云龙镇石桥村。1927年10月，中共宁波县委根据中共浙江省委《浙江农民运动决议草案》的精神，决定在鄞南举行农民暴动。为加强领导，成立由卓恺泽为总负责的鄞南暴动委员会，指挥部设在石桥村廿九房（石桥小学）。中共浙江省委常委王家谟来宁波部署浙东暴动计划，将鄞南暴动纳入整个浙东暴动。同年11月6日，中共浙江省委机关被破坏，浙东暴动计划泄露，鄞南暴动中止。

中共慈溪县工委成立地旧址

位于江北区洪塘街道洋市村。1938年5月，中共

鄞南暴动指挥部旧址

中共慈溪县工委成立地旧址

宁（波）绍（兴）特委派人到慈溪洋市村成立中共慈溪县工委，推选周春先（周朴农）为县工委书记。中共慈溪县工委建立后，不断发展新党员，扩大党组织。1939年1月，中共慈溪县工委改为中共慈溪县委，金如山任书记，下设组织、宣传、民运三个工作部门。

中共镇海县工委机关驻地旧址

位于北仑区戚家山街道小港直街45号。抗日战争全面爆发后，中共宁绍特委积极恢复各地的党组织。1938年8月，中共镇海县工委成立，卓子英任书记，工委机关设在蔚斗小学。蔚斗小学在战争年代为党组织培养了一大批革命战士，中华人民共和国成立后，又培养了一批国家级党政军领导人物和科学人才，因此被誉为"培养革命志士的摇篮"和"红色堡垒"。旧址现为宁波市爱国主义教育基地、党史教育基地。

中共镇海县工委机关驻地旧址（蔚斗小学）

中共余姚县（今余姚市）第一次代表大会旧址

中共余姚县第一次代表大会旧址

位于余姚市阳明街道龙泉社区市老年活动中心大院。1939年4月13日，根据中共宁绍特委的部署，余姚县党的第一次代表大会在城区久久小学（今余姚市老年活动中心）召开，制订了全县抗日救亡工作计划，选举谢廷斋为出席宁绍特区首届党代会的代表。旧址现建有纪念碑、史料陈列室。

横河战斗纪念碑亭

位于慈溪市横河镇东上河村。1941年10月22日，由中共领导的宗德指挥部第三大队到横河附近准备伏击从观海卫运送棉花至余姚的日军。由于汉奸告密，日军改变了行动计划，宗德指挥部第三大队到横河途经七星桥附近时，遭到日军伏击，在不利地形下与敌浴血奋战了一个半小时，终因敌众我寡，大队长姜文光等29人牺牲。横河战斗旧址建有纪念碑亭。

横河战斗纪念碑亭

中共四明地委驻地旧址

位于海曙区鄞江镇建岙村。1942年7月28日，中共浙东区委成立，成为开辟浙东抗日根据地的领导组织；为加强党的领导，中共浙东区委于8月在四明地区建立了中共四明工委；9月，工委被改为地委，中共四明

中共四明地委驻地旧址

地委迁驻建岙。1943 年春，为加快四明山根据地发展，中共四明地委机关移驻姚南四明山中心地区。

竹山岙战斗遗址

位于慈溪市横河镇竹山岙一带。1942 年 10 月，日军调动上千兵力对浙东三北抗日根据地进行"扫荡"；10 月 9 日，三北游击司令部五支三中在龙南竹山岙伏击窜到姚北临山、周巷"扫荡"的日军。战斗持续 1 小时，毙伤日军 30 余人。竹山岙战斗使日军嚣张的气焰有所收敛。

浙东抗日根据地旧址群

位于余姚市梁弄镇。1942 年 7 月，中共浙东区委成立后，逐步开辟、创建了浙东抗日根据地。1943 年 4 月下旬，浙东抗日武装攻克余姚梁弄伪军据点，控制了整个四明山区；8 月，三北游击司令部和中共浙东区委机关进驻梁弄，梁弄成为浙东抗日根据地的军事、政治、经济、文化中心。浙东抗日根据地以四明山为中心，面积 2 万余平方千米，人口 400 万，是抗日战

竹山岙战斗遗址

浙东行政公署旧址

浙东银行和新浙东报社旧址

中共浙东区委旧址

争时期全国19块解放区之一。浙东抗日根据地旧址群包括中共浙东区委机关、新四军浙东游击纵队司令部、新四军浙东游击纵队政治部、浙东行政公署、浙东敌后各界临时代表会议、浙东银行、浙东抗日军政干校、浙东韬奋书店、新浙东报社等旧址。现为全国重点文物保护单位，浙江省爱国主义教育基地、党史教育基地。

红色梁弄雕塑

前方村战斗纪念碑亭

后屠桥革命烈士陵园

前方村战斗纪念碑亭

　　位于余姚市梁弄镇湖东村。1943年12月，国民党调精锐突击第一总队（辖5个突击营，约5000人）到四明山"围剿"新四军浙东游击纵队，并于1944年1月进占梁弄。中共浙东区委和纵队司令部作出"避强打弱，先打田（岫山）张（俊升）"的决定。1944年2月11日，浙东新四军从袁马、杜徐分路奔袭田岫山驻扎的前方村。顽军拂晓时赶来增援，新四军腹背受敌，被迫突围转移。据统计，此次战役伤亡和失踪指战员近百人。现建有前方村战斗纪念碑亭。

后屠桥战斗旧址

　　位于海曙区集士港镇新后屠桥村。1944年2月，中共浙东区委和新四军浙东游击纵队第三、五支队先后撤离四明山区，转移到三北地区。第五支队二大队教导员陈行知率第四中队50余人深入鄞西平原开展对敌斗争。同年4月14日，国民党突击第一总队第五营和汪伪第十师的一个连共600余人，分3路突袭第四中队驻地后屠桥。第四中队与10倍之敌激战近3个小时，毙伤敌顽约 50 人，陈行知等 37 人牺牲。第四中队被授予"钢铁四中队"的荣誉称号。战斗旧址建有革命烈士陵园、后屠桥革命史迹陈列馆。现为宁波市党史教育基地。

洪桥战斗纪念碑

位于镇海区洪桥。1944 年初夏，驻镇海日伪军在镇海城区近郊的洪桥戴家祠堂增设前沿据点，派遣伪军舟山警备司令部第四总队驻守。中共慈（溪）镇（海）县委及新四军浙东游击纵队第三支队获悉情报后，决定拔除这个据点。同年 6 月 7 日，第三支队四中队侦察排在慈（溪）镇（海）县庄市常备队的配合下，攻克了洪桥日伪军据点，俘获日军少佐军事顾问吉永久寿秀、伪军舟山警备司令部第四总队上校总队长卫文达等日伪军 39 人。

洪桥战斗纪念碑

东埠头战斗遗址

位于慈溪市掌起镇。日伪军为做好秋季抢粮准备，决定集中兵力到产粮区构筑据点。1944 年 7 月 31 日，伪中央税警团 600 余人前往东埠头构筑据点。新四军浙东游击纵队司令部调集第五支队、第三支队和海防大队到东埠头一带进行伏击。战斗持续长达 14 个小时，毙伤伪营长以下 100 余人，俘 19 人，粉碎了伪军构筑据点的计划。东埠头战斗是浙东主力部队在三北地区与日伪军作战规模最大、时间最长的一次战斗。

东埠头战斗遗址

鄞县民主政府成立大会旧址

位于海曙区章水镇蜜岩村。1945 年 2 月 24 日，浙东行政公署决定调整浙东抗日根据地县级行政区域，由鄞奉、鄞慈两个县办事处合并成立鄞县民主政府，属四明专署领导。中共浙东区委同步撤销中共鄞奉县委、中共鄞慈县委，合并成立中共鄞县县委。1945 年 5 月 2 日，在鄞县章水区蜜岩乡中心小学召开县政府成立暨县长就职大会。

鄞县民主政府成立大会旧址

天华缴枪战斗旧址

位于余姚市朗霞街道天华村。解放战争时期，浙东地区的党组织积极开展武装斗争。1946 年 11 月中下

天华缴枪战斗旧址

中共浙东工委梅花村会议旧址

旬,根据中共四明地区特派员刘清扬的指示,中共姚虞县特派员朱之光召集姚虞县、余上县党的干部,研究认为必须首先夺取武器,武装自己,并把姚北天华乡自卫队确定为缴枪目标。同年12月4日晚,武工队乘虚袭击天华乡公所,成功缴获机枪1挺、步枪13支、短枪2支和子弹200余发。天华缴枪揭开了四明地区武装斗争的序幕。

中共浙东工委梅花村会议旧址

位于宁海县岔路镇梅花村。1947年春,中共浙东工委在宁海县岔路镇白岭根村(今梅花村)召开会议,传达了中共中央上海分局会议精神,确定了独立自主开展台属地区武装斗争的方针和策略,明确党的工作方针从隐蔽坚持转为公开武装斗争,建立游击根据地。因会议期间全村梅花盛开,故称这次会议为"梅花村会议"。旧址现为浙江省党史教育基地。

中共象山工委旧址

位于象山县新桥镇黄公岙村。1948年2月，中共中央上海局外县工作委员会派遣共产党员唐侃来象山建立党组织，开展地下斗争。唐侃在黄公岙联系上共产党员史中平，在史家的"山海楼"召开会议，成立中共象山工委，唐侃任书记。旧址现为宁波市爱国主义教育基地、党史教育基地。

中共象山工委纪念馆（山海楼）

上王岗战斗纪念碑

位于余姚市梨洲街道上王岗村。浙东游击根据地的发展和扩大引起国民党当局的不安。1948年5月，蒋介石下达"彻底清剿令"，国民党浙江省保安司令部副司令王云沛坐镇梁弄指挥。中共浙东临委决定选择姚南上王岗和东茅山一线有利地形与敌会战。同年5月28日，国民党军以2000多人的兵力，从中村向上王岗阵地猛攻，浙东人民武装第三、五支队先后击退国民党军7次冲锋，毙伤敌百余人，俘敌排长以下30余人。上王岗战斗打击了国民党军队的嚣张气焰，扩大了浙东人民武装的政治影响。上王岗战斗旧址建有纪念碑，现为宁波市党史教育基地。

上王岗战斗纪念碑

朱枫烈士纪念楼

位于镇海区招宝山街道镇海中学内。朱枫，女，原名朱贻荫，1905年出生，镇海人。抗日战争全面爆发后，到武汉，在中共领导的新知书店工作，后返浙，在金华筹建台湾抗日义勇队。1939年秋，赴皖南新四军军部开设随军书店。1945年春，加入中国共产党，并到中共中央华中局在沪贸易机构工作，兼管情报部

朱枫烈士纪念楼

门。1948年秋，至香港，从事情报工作。中华人民共和国成立后，潜赴台湾执行秘密任务，负责将许多绝密军事情报送回大陆。1950年2月，因遭叛徒出卖被捕；6月10日，在台北就义。朱枫烈士纪念楼现为国家安全教育基地、浙江省党史教育基地。

邵荃麟故居

邵荃麟故居

位于江北区庄桥街道东邵村。邵荃麟，原名邵骏运，1906年出生，江北人。1926年3月，加入中国共产党，曾参加上海工人第三次武装起义。抗日战争全面爆发后，主要从事党领导的文化事业和统战工作。曾任中共浙江省委文委书记，主编《东南战线》。抗日战争胜利后，赴香港，任中共香港分局文委书记，积极从事文艺界的统战工作。中华人民共和国成立后，在政务院、中央宣传部工作。1953年起，担任中国作家协会副主席兼党组书记。故居现为江北区文物保护单位。

碧血忆峥嵘　丹心著华章

奋楫向东八千载，壮志凌云九重霄。宁波，这座有着璀璨文明的古老城市，也是一片有着光荣革命传统的红色热土。现有507处革命遗址和88处党史教育基地，这些是了解甬城红色历史、传承宁波红色精神的重要场所，激励着一代又一代四明儿女，在改革开放的大潮里，于时代发展的巨浪中创造出令人瞩目的非凡成就。2018年，习近平总书记在给梁弄镇横坎头村全体党员的回信中，勉励他们传承好红色基因，发挥好党组织战斗堡垒作用和党员先锋模范作用，同乡亲们一道，再接再厉、苦干实干，努力建设富裕、文明、宜居的美丽乡村。[1]四明儿女牢记习近平总书记的嘱托，团结一心跟党走，踔厉奋发新征程。

百年风云，沧桑巨变，从最初的1个支部、5名党员，发展到今天的3万多个基层组织、57万余名党员，宁波人民在党的领导下，艰苦创业、改革创新、锐意进取，经济发展充满活力，城市综合实力跃上新台阶，获批中国—中东欧国家经贸合作示范区，2022年，宁波地区生产总值位居全国城市第12位，宁波舟山港货物吞吐量连续14年保持全球首位；坚持以人民为中心，不断提升老百姓获得感，高分摘得全国文明城市"六

东部新城

连冠",13次获评中国最具幸福感城市,并被中国奥委会命名为"奥运冠军之城"。红色文化已然成为宁波最耀眼的文化底色、最宝贵的精神财富,同时也是新时代宁波发展强大动力的不竭源泉。

2020年3月,习近平总书记到宁波考察,指出宁波舟山港在共建"一带一路"、长江经济带发展、长三角一体化发展等国家战略中具有重要地位,是"硬核"力量。要坚持一流标准,把港口建设好、管理好,努力打造世界一流强港,为国家发展作出更大贡献。[2]宁波人民将牢记习近平总书记的殷殷嘱托,守好"红色根脉",传承红色基因,在新时代新征程上,以"向东是大海"的豪情壮志、"实干创大业"的过硬作风,坚定信心、克难奋进,真抓实干、善作善成,努力为开创现代化滨海大都市建设新局面、打造中国式现代化市域样板而奋斗,奋力交出无愧于历史、无愧于时代、无愧于人民的优异答卷。

浙江红色文化名片
ZHEJIANG HONGSE WENHUA MINGPIAN

温 州

红十三军纪念碑

红动浙南火燎原
潮涌瓯江映辉煌 ★★★

温州是一座历史文化名城，也是浙南革命星火点燃地、红十三军诞生地、中共浙江省第一次代表大会召开地，是一方具有光荣革命传统的红色热土。革命、先锋、改革、创新等关键词，是这座城市的鲜明标识。1924年12月，浙南地区最早的中共地方组织——中共温州独立支部成立，近百年来，信仰的旗帜映红浙南大地。在中国共产党的领导下，温州人民经过艰苦卓绝的斗争，使浙南成为中国革命在南方的一个重要战略支点和新四军的策源地之一。在人民解放军主力渡江南进的有利形势下，1949年5月底，浙南游击纵队解放了温州全境（除洞头等沿海少数岛屿外），为中华人民共和国的诞生作出了贡献。

如磐初心，潮涌瓯江。从万千忠骨、万千热血的革命年代，到新时期、新时代，温州儿女继承革命遗志，筚路蓝缕、披荆斩棘，书写"红动浙南"的伟大革命华章。

江海风云起　薪火耀浙南

一簇火种，照亮时代。浙南革命的第一把火种，在温州点燃。从此，温州儿女以满腔热血书写浙南革命风云激荡的篇章，并自觉汇入全省乃至全国革命的滚滚洪流。

中共温州独立支部成立

1924年8月，中共中央派温籍共产党员谢文锦回乡筹建党团组织；12月，浙南地区最早的中共地方组织——中共温州独立支部在城区新民小学成立，胡识因任书记，从此点燃了浙南革命的星火。中共温州独立支部以温州城区为活动中心，领导温属各地党的工作，开展革命活动。在建立党组织的同时，谢文锦还建立了中国社会主义青年团温州支部。

中共温州独立支部成立地旧址（新民小学）

红十三军成立与斗争

1930年5月，温台处3地红军游击队集中在永嘉枫林镇勉园整编。整训期间，浙南红军游击总指挥部

红十三军军部旧址

根据中共中央指示,在勉园宣布浙南红军游击队统一编为红十三军,正式成立军部,胡公冕任军长,金贯真任政委。这是被列入中央军委正式序列的全国14支红军之一,最盛时有6000余人,坚持斗争长达4年,活动遍及20余个县,经历了大小百余次战斗,对浙南乃至全省革命都产生了重大的影响。

红十三军纪念馆

中共浙南一大纪念馆

中共浙南第一次代表大会召开

红十三军建立后，为配合军事斗争，浙南党组织开始重建中共浙南特委。1930年6月18—22日，在瑞安鱼潭中村（今属瓯海区）召开中共浙南第一次代表大会。会上，王国桢传达了党中央关于重建中共浙南特委的指示和全国苏维埃区域代表大会精神。会议通过了分析浙南政治和经济状况的决议案，确定了中心任务和策略，选举产生了中共浙南特委，王国桢任书记。红十三军的组建与中共浙南特委的建立，预示着一场以红军武装斗争为主要形式的革命风暴即将来临。

中共闽浙边临时省委成立

1935年9月，刘英、粟裕率红军挺进师主力部队转战闽浙边；10月5日，与叶飞领导的闽东独立师在寿宁县郑家坑村会师。为了协同对敌斗争，双方领导

刘英

粟裕

叶飞

人召开联席会议，决定成立中共闽浙边临时省委。同年11月7日，双方在泰顺县九峰乡白柯塆村小宫庙召开了第二次联席会议，正式宣布成立中共闽浙边临时省委，刘英任书记，粟裕任组织部部长，叶飞任宣传部部长。中共闽浙边临时省委下辖浙西南、闽东两个特委，对于加强浙南游击区与闽东游击区之间的联系和配合、广泛开展游击战争起到了重要作用。

中共闽浙边临时省委成立旧址（泰顺白柯塆小宫庙）

中共浙南特委成立及浙南游击根据地创建

1936年2月，中共闽浙边临时省委与挺进师主力

中共浙南特委成立地旧址

分开活动，刘英带领省委机关和挺进师的特务队在浙南开辟游击根据地；3月中旬，中共闽浙边临时省委决定，将闽浙交界的广大地区统一划为浙南特别区，并在泰顺小南山宣布成立中共浙南特委，郑宗毓任书记。中共浙南特委成立后，不断扩大和巩固游击根据地，1936年夏，以泰顺、平阳（含苍南、龙港）、瑞安、福鼎等县边界为中心的浙南游击根据地基本形成。

曾山到浙南传达中共中央指示

1938年2月，中共中央长江局和东南分局就闽浙边抗日游击总队（1937年10月，由红军挺进师改建而成）编入新四军及党在浙江的工作安排统一了意见，由东南分局副书记兼组织部部长曾山专程去浙南向刘英、粟裕传达。曾山一行于1938年3月上旬到达平阳山门镇，向中共闽浙边临时省委传达了中共中央指示：一、浙江红军编为新四军第七团队，开赴皖南；二、留下一批干部继续在浙南坚持斗争；三、撤销中共闽浙边临时省委，成立中共浙江省委。曾山的浙南之行对浙江红军的改编及中共浙江省委的重建都起到十分重要的作用。

中共闽浙边临时省委机关驻大屯旧址

浙南红军编入新四军开赴皖南

根据中共闽浙边临时省委与国民党闽浙赣皖四省边区主任公署达成的协议,红军挺进师和地方武装人员陆续向平阳北港集中。1938年3月,粟裕率领已改编为新四军第七团队的浙南红军400多人从平阳山门

浙南红军北上抗日出征门

出发开赴皖南集中；4月，中共闽浙边临时省委又将60多名新战士送达皖南，编入新四军。这样，浙南红军赴皖南的总人数为500多人。

中共浙江省委重建

1938年5月7日，中共中央东南分局指示，撤销中共闽浙边临时省委和中共浙江省工委，在平阳玉青岩成立中共浙江临时省委，刘英任书记，汪光焕、顾玉良、谢文清、赖大超为常委。在中共浙江临时省委的领导下，全省成立5个特委及50多个县委（县工委）。1938年9月，经中共中央批准，中共浙江临时省委转为正式省委。中共浙江省委的重建，对于在抗日烽火中壮大浙江党组织，推动抗日救亡运动蓬勃发展，都极其重要。

中共浙江省第一次代表大会

这是新民主主义革命时期浙江党组织召开的唯一一次全省党代表大会。根据中共中央和东南局的指

中共浙江省第一次代表大会冠尖会址

中共浙江省第一次代表大会马头岗会址　永乐人民抗日自卫游击总队领导人合影

示精神，1939年7月21—30日，中共浙江省第一次代表大会在平阳县凤卧的冠尖和马头岗召开，26名代表出席大会，代表全省近2万名党员。大会通过刘英所作政治报告、工作总结以及《关于目前抗战形势与浙江党的任务的决议》《国际国内形势问题》等一系列文件；选举产生新的浙江省委，刘英任书记；选出浙江省出席中共七大的代表。会议的召开对统一和加强浙江党的领导、巩固党的组织、坚持团结抗日作出了重要贡献。

永乐人民抗日自卫游击总队的斗争

日军侵占温州之后，中共浙南特委积极准备发动

永乐人民抗日自卫游击总队纪念馆

游击战。1945年3月30日,为统一乐清和瓯北两地抗日斗争步伐,中共浙南特委决定将乐清(含玉环)、永嘉两县武装合编为永乐人民抗日自卫游击总队,余龙贵任总队长,胡景瑊任政委。该总队拥有700余人枪,其建立符合新四军向东南沿海发展的战略意图,受到中共中央华中局的高度重视,对浙南地区的抗日斗争产生了很大的影响。

中国人民解放军浙南游击纵队组建

1946年,全面内战爆发,中共浙南特委从长期执行隐蔽精干政策转到有计划、有步骤地开展游击战争。1947年7月,中共浙南特委决定扩大武装力量,建立特委警卫队,各县武工队扩编为县队。为了便于浙南游击根据地内各支武装力量的统一指挥,1948年11月25日,中国人民解放军浙南游击纵队在瑞安县(今瑞安市)桂峰乡板寮村宣布成立,龙跃任司令员兼政委。这支队伍的组建标志着浙南游击战争进入了战略进攻阶段,该队伍成为解放浙南全境的主力部队。

龙跃

中国人民解放军浙南游击纵队成立旧址

一份记录温州和平解放的民国报纸

温州各界庆祝和平解放

温州和平解放

1949年4月,在中国人民解放军百万雄师突破长江南进的形势下,中共浙南地委作出首先解放温州城、继而解放浙南全境的军事部署。在备战的同时,中共浙南地委和浙南游击纵队积极争取国民党二〇〇师师长叶芳起义,双方达成和平谈判协议。同年5月6日,叶芳在信河街率部3000余人宣布起义;5月7日凌晨,浙南游击纵队进驻城内,温州城迎来了和平解放。和平解放使温州人民和温州文化古迹免遭战争浩劫,也加快了浙南各县和浙江全境解放的步伐。

初心韧如磐　壮怀当激烈

革命年代,温州涌现出一批视野开阔、信仰坚定的革命者,他们为了民族独立和人民解放,劈波斩浪、坚贞不屈,将个人生死置之度外,用自己的热血唤醒更多人投身民族解放大业。

谢文锦（1894—1927）

浙江永嘉人。早年就读于浙江省立第一师范学校。1921年4月，赴莫斯科东方大学学习。1922年12月，加入中国共产党。1924年秋，奉命回家乡建立党组织；12月，建立了浙南地区最早的地方党组织——中共温州独立支部，隶属中共中央领导。后历任中共上海区委委员、上海总工会常务委员、中共南京地委书记等。四一二反革命政变期间，在南京遭国民党右派杀害。

谢文锦

郑恻尘（1888—1927）

浙江永嘉人。早年就读于浙江省立第十中学。为抵制日货，郑恻尘热心实业救国，苦心钻研发明了机织花席，集资首创中一花席厂，产品一度畅销国内外。1924年冬，郑恻尘加入中国共产党；12月，参与筹建中共温州独立支部，是该支部的主要成员。1927年2月，任国民党浙江省党部执行委员、商民部部长；4月11日，在杭州被国民党右派逮捕；7月24日，在浙江陆军监狱牺牲。

郑恻尘

金贯真（1902—1930）

浙江永嘉人。早年就读于浙江省立第十中学。1925年，加入中国共产党。曾参加北伐战争。1927年秋，赴莫斯科东方大学学习，回国后任中央巡视员。1930年1月，受命回到浙南，肩负党中央赋予的组建中共浙南特委和红军的重大使命。1930年5月，红十三军在永嘉成立，金贯真任政委；5月18日，在平阳完成战斗部署和策反工作后，返回温州途中被捕，当晚被杀害。

金贯真

赵 刚（1887—1930）

赵刚

浙江文成人。早年就读于浙江铁路学校。1925年，加入中国共产党。1927年2月初，当北伐军进逼杭州时，加入由杭州铁路工人组成的铁道队，配合北伐军的军事行动，为北伐军光复杭州作出了贡献。1927年9月，任中共杭县县委书记，发展基层党组织，保障浙江省党组织的安全。1929年3月，在杭州因策动兵变被捕。1930年8月27日，在浙江陆军监狱牺牲。

王国桢（1899—1931）

王国桢

浙江苍南人。曾在温州甲种商业学校任教。1925年冬，加入中国共产党。1926年春，赴广州农民运动讲习所学习。四一二反革命政变后，继续在永嘉、瑞安等地领导农民武装暴动。1930年3月，组织成立浙南红军游击总指挥部，负责政治工作；6月，主持召开中共浙南第一次代表大会，重建中共浙南特委，担任书记。1931年10月，因被叛徒出卖，在瑞安被捕；12月10日，在温州资福山（今华盖山）牺牲。

雷高升（1901—1932）

雷高升

浙江瑞安人。1925年，加入中国共产党。同年，参加声援上海五卅运动，开展反帝罢工斗争。1928年后，在温州开展武装斗争，先后担任中共瑞安临时县委执行委员、中共瑞安县委书记。1930年3月，任浙南红军游击总指挥部第一支队支队长；5月，红十三军成立后，任红十三军第一团团长，是红十三军后期斗争的主要领导人。1932年5月24日，在永嘉岩头东宗祠堂被国民党当局诱捕；5月28日，在温州牺牲。

郑　馨（1901—1932）

浙江瓯海人。早年就读于瑞安中学。1925 年，在北京加入中国共产党。1927 年 1 月底，参加中共温州独立支部的活动。1928 年 1 月，作为中共浙江省委特派员，回温州建立了中共永嘉县委，任书记；9 月，任中共浙西特委书记，领导浙西地区 22 个县党的工作。1929 年 1 月，在省委扩大会议上当选省委常委、省委秘书长，后任中共杭州中心市委书记、中共浙北特委书记。1931 年 12 月 15 日，在上海被捕。1932 年 7 月，在浙江陆军监狱牺牲。

郑馨

李得钊（1905—1936）

浙江永嘉人。1924 年，加入中国社会主义青年团，后转为中国共产党党员。1925 年 7 月，入上海大学学习，后赴莫斯科东方大学学习。1927 年 2 月，离苏回国后，担任共产国际代表翻译，后任中央机关刊物《红旗》编辑，曾在中央军委秘书处工作，是周恩来的得力助手。1933 年，任中共上海中央局秘书长。1934 年 6 月，在上海被捕。1936 年 9 月，牺牲。

李得钊

周饮冰（1913—1942）

浙江平阳人。1935 年，加入中国共产党。曾任中共瑞安县仙降区委书记。1937 年初，参加中共闽浙边临时省委白区工作团工作。1938 年 3 月，任新四军驻温州通讯处主任。其间，先后护送地下党员、进步人士 700 余人经温州去皖南新四军军部。同年 10 月，遭国民党温台防守司令部扣押。1942 年 6 月，在福建浦城牺牲。

周饮冰

叶廷鹏（1889—1941）

叶廷鹏

浙江平阳人。1926年，加入中国共产党。因积极组织领导浙南农民运动，被当地群众尊称为"老大哥"。1930年5月，组织平阳农民武装，配合红十三军攻打平阳城。1932年2月，组织成立中共浙南委员会，任书记；3月建立浙南红军游击队，开展武装斗争，为红军挺进师在浙南的游击战争作出贡献。1936年3月，中共浙南特委成立后，叶廷鹏曾任特委委员和农运部部长等。1941年11月5日，被国民党特务逮捕；11月11日，在平阳水头牺牲。

郑明德（1925—1942）

郑明德

浙江平阳人。从小受担任中共平阳县委书记的父亲郑海啸影响，渴望参加革命。1937年秋，成为中共地下小交通员。1941年3月，加入中国共产党，任中共平阳县委妇女干事；7月16日，在瑞安公阳被捕。在狱中受尽酷刑，仍顽强不屈。1942年6月27日，在平阳牺牲。中华人民共和国成立后，被誉为"浙南刘胡兰"。

林心平（1919—1942）

林心平

浙江平阳人。早年就读于温州师范学校。1936年，加入中国共产党。抗日战争全面爆发后，1937年8月，任八路军驻沪办事处机要秘书；11月，赴延安中国人民抗日军事政治大学（简称"抗大"）学习。1938年8月，奉命提前结束抗大学习，被派往武汉的中共中央长江局工作。1939年春，被调到中共中央东南局妇女部，开展妇运工作。1939年初，主动要求调到新四军江南指挥部工作,在一支队任文工团副团长。皖南事变后,任金(坛)溧(阳)宜(兴)武(进)丹(阳)五县联合政府文教科科长,从事抗日根据地的文教工作。1942年7月,因叛徒告密被捕;8月,被日军杀害。2014年,入选民政部公布的第一批300名著名抗日英烈和英雄群体名录。

朱 程(1910—1943)

浙江苍南人。早年就读于温州商业学校、厦门集美中学。1934年春,赴日本留学。1937年5月,回国参加抗日救亡运动;9月,到河北民军工作,是华北抗日民军主要创建人,历任河北民军第十大队、第十一大队大队长,第十一团、第四团团长。1939年8月,经八路军总部批准,建立华北抗日民军,任司令员;9月,由朱德介绍,加入中国共产党。此后,任冀鲁豫军区第一、第五军分区司令员等。1943年9月28日,在山东曹县王厂被日军包围,在突围中牺牲。2014年,入选民政部公布的第一批300名著名抗日英烈和英雄群体名录。

朱程

吴 毓(1911—1943)

浙江苍南人。早年就读于上海持志大学。1936年,中共闽浙边临时省委与中央驻上海办事处取得联系后,吴毓任政治交通员。1937年,加入中国共产党。抗日战争全面爆发后,曾作为中共闽浙边临时省委代表与国民党地方当局谈判,达成共同抗日协议。后任闽浙边抗日游击总队驻温州办事处主任、新四军驻浙江办事处主任、中共浙江省委统战部副部长、中共永(嘉)

吴毓

瑞（安）中心县委书记等。1943年2月，任中共浙南特委江北（括苍）办事处主任，指导瓯北、乐清（含玉环）两县工作；12月，牺牲。

谢用卿（1898—1944）

浙江永嘉人。1930年5月，参加红十三军；6月，被捕。1931年春，在浙江陆军监狱中加入中国共产党。抗日战争全面爆发后，获释回家乡。1938年11月，担任中共西楠溪中心区委书记。1943年秋，赴浙东抗日根据地工作。1944年3月下旬，在中共鄞（县）奉（化）县委联络站被国民党军队逮捕，不久牺牲。

谢用卿

周 斌（1911—1945）

浙江乐清人。1938年，去延安，入抗大学习。1939年，加入中国共产党。抗大学习期满后，主动向党组织提出申请，赴印度尼西亚从事国际抗日统一战线工作，筹集物资和捐款支援八路军的抗战。太平洋战争爆发之后，印度尼西亚沦陷，为了抗日，1942年6月，在印度尼西亚的棉兰组织成立苏岛人民抗敌会、苏岛人民反法西斯同盟，周斌为主要领导人。1944年4月，被日军逮捕。1945年3月，在棉兰被日军杀害。2015年，入选民政部公布的第二批600名著名抗日英烈和英雄群体名录。

周斌

山河念英魂　故迹犹可寻

虽然波澜壮阔的革命时代已远去，但革命精神永不过时。温州着力保存好并充分利用革命遗址遗迹、纪念馆，向一代又一代人讲好党的故事、革命的故事、英雄的故事，把红色基因传承下去，确保红色江山代代相传。

郑敬衡故居

位于文成县金垟乡谷山村。郑敬衡，1900年出生。1926年，在杭州加入中国共产党。1927年4月，受中共浙江省委委派，到温州从事农运和党务工作；11月初，任中共浙江省委特派员，协助实施浙东暴动计划；11月12日，在温州遭逮捕；11月18日，在温州资福山牺牲。

郑敬衡故居

周定故居

位于文成县西坑畲族镇敖里村。周定，原名周志贤，1897年出生。1926年，在上海加入中国共产党。1927年1月，赴江西做秘密工作；8月1日，参加南昌起义。随后回乡发展党员，成立文成县第一个党支部——中共敖里支部，任书记。同年8月7日，到杭州接受中共浙江省委布置的新任务，从事农运和党务

周定故居

永嘉84村农民大暴动聚集地旧址（陈氏宗祠）

活动；10月，任中共浙江省委特派员，协助省委常委、组织部主任王家谟实施浙东暴动；11月12日，在温州遭逮捕；11月18日，在温州资福山牺牲。故居现为温州市党史教育基地。

永嘉84村农民大暴动聚集地旧址

位于永嘉县茗岙乡茗岙村。1929年11月13日，在中共党员的策动和引导下，钟山区的下徐、前村和西内区的昆阳、赤岭、林山等84个村庄的农民武装，计4000多人，会聚茗岙陈氏祠堂，抗击前来镇压的民团，捣毁昆阳公安分局，烧毁地主豪绅的房屋。中共永嘉中心县委因势利导，成立浙南革命委员会和浙南红军游击队，使浙南的革命形势快速向前发展。旧址现为温州市党史教育基地。

浙南革命委员会和浙南红军游击队成立地旧址

位于永嘉县溪下乡溪下村。1929年11月，西内和钟山两区84个村庄4000多名农民大暴动，中共永嘉中心县委因势利导，于当月19日，在永嘉溪下村金氏宗祠成立浙南革命委员会和浙南红军游击队。浙南革命委员会是浙南地区第一个苏维埃政权，浙南红军游击队是浙南地区第一支红军游击队，为后来浙南红军游击总指挥部和红十三军的建立奠定了基础。

浙南革命委员会和浙南红军游击队成立地旧址（金氏宗祠）

浙南红军游击总指挥部成立地旧址

位于永嘉县溪下乡黄皮村。浙南地区农民武装斗争的开展，引起中共中央的重视。1930年3月初，中央军委派胡公冕到浙南负责军事指挥；3月9日，浙南红军游击队在该村广福禅寺中大殿召开大会，宣布浙

浙南红军游击总指挥部成立地旧址（广福禅寺）

南红军游击总指挥部成立，胡公冕任总指挥，红军游击队整编为3个支队，计400余人。浙南红军游击总指挥部的成立，为红十三军的建立奠定了基础。旧址现为永嘉县文物保护单位、爱国主义教育基地。

红十三军192烈士摩崖题刻

位于平阳县城西门校场九凰山麓。1930年5月24日，红十三军主力在平（阳）瑞（安）两县赤卫队配合下，攻入平阳县城，冲入县政府夺取县府大印，砸开监狱，释放了被关押的40多名群众。国民党守军重新组织力量，疯狂反扑。红军和赤卫队浴血奋战，被迫退出县城。此战红军牺牲192人，牺牲人员被埋葬在平阳县城西门校场。1958年，平阳县人民委员会在西门校场九凰山麓大岩壁上凿制摩崖题刻，以志纪念。该题刻为平阳县文物保护单位。

红十三军192烈士摩崖题刻

红十三军战士遇难处"千人坑"旧址

位于乐清市大荆镇百岗岭船山半山腰处。1930年6月，红十三军第一团一部共600余人在进军海门（今台州椒江）途中受阻，欲折返永嘉，途经乐清大荆隘门岭时，突遭大荆反动民团伏击。反动民团将被俘红军战士和随军农民押往大荆炭场枪杀，并雇人将尸体抬往大荆百岗岭船山，挖坑集体埋葬。这在红十三军的战斗历程中甚为悲壮，共牺牲471人，史称"隘门岭事件"。当地群众称埋葬处为"千人坑"。

红十三军战士遇难处"千人坑"旧址

王金姆烈士纪念碑

位于瓯海区三垟街道黄屿山巅。王金姆，又名黄景铭，1902年出生，瓯海人。1926年冬，加入中国共产党。曾担任中共浙南特委委员、中共浙江省委候补常委、中共永嘉中心县委书记等。1930年5月，率所部赤卫队编入红十三军第一团；7月8日，参加中共永嘉县委在梧埏慈湖北村召开会议时，不幸被捕，当晚在温州资福山麓就义。纪念碑于1988年6月建成，为瓯海区爱国主义教育基地。

王金姆烈士纪念碑

林去病故居

位于瑞安市玉海街道西门街四弄3号。林去病，

林去病故居

1905年出生,瑞安人。1925年11月,加入中国共产党,是中共温州独立支部主要成员。1926年,先后到乐清、瑞安发展党组织,历任中共瑞安临时县委书记、中共浙南特委常委、中共宁波市委书记等。1928年6月,参加永(嘉)瑞(安)平(阳)3县农民联合武装大暴动。1929年4月,在宁波被捕。1932年4月,在浙江陆军监狱牺牲。

陈卓如故居

位于瑞安市塘下镇罗凤社区驮山村。陈卓如,1904年出生,瑞安人。1926年,加入中国共产党。1928年春,组建瑞安第一支农民赤卫队。1930年5月,任红十三军第一团瑞安红军游击队队长。先后参加打平阳、克缙云、夺瓯渠、占乌岩等战斗。1932年2月,任中共浙南委员会委员;2月底,遭叛徒出卖,被捕牺牲。故居有陈卓如生平事迹陈列。

陈卓如故居

浙南红军游击队成立地旧址

位于平阳县麻步镇渔塘社区凤山头。1932 年 3 月,共产党员叶廷鹏组织成立了浙南红军游击队。在中共浙南委员会领导下,浙南红军游击队不断发展壮大,开辟了小块游击根据地,为后来红军挺进师在浙南的斗争打下了良好的基础。该址属于温州浙南(平阳)革命根据地旧址群,旧址群现为全国爱国主义教育示范基地、浙江省党史教育基地。

浙南红军游击队成立地旧址

红十三军"岩头事件"旧址

位于永嘉县岩头镇岩头村。1931 年下半年,红十三军第一团团长雷高升率领红一团在永(嘉)仙(居)青(田)边境坚持斗争,国民党政府视之为心腹之患。1932 年春,国民党设计诱骗雷高升率部下山;5 月 23 日,国民党军以"点验改编""照相留念"为名,将红军干部和战士分开,并丧心病狂地用机枪扫射红军战士,22 名战士当场牺牲,雷高升等 7 名骨干则被逮捕押解至温州城区杀害。这就是红十三军历史上惨痛的"岩头事件"。

红十三军"岩头事件"旧址(东宗祠堂)

林秉权故居

位于泰顺县包垟乡林岙村。林秉权,又名林良恕,1902年出生,泰顺人。1923年,在上海大学读书时积极投身于革命活动;5月,加入中国共产党。后受党组织派遣赴莫斯科中山大学学习,在苏联期间,他始终坚持党的正确路线,与王明之流做斗争,反被诬陷搞宗派活动,被押送到伊凡诺夫工厂劳动改造。1934年,又被流放到西伯利亚,从此杳无音信。1989年12月4日,浙江省人民政府追认他为革命烈士。故居内设林秉权革命教育展示厅,现为温州市党史教育基地。

林秉权故居

中国工农红军挺进师纪念馆

位于泰顺县九峰乡白柯塆村。刘英、粟裕率领中国工农红军挺进师主力于1935年10月,由浙西南地区转移到闽浙边,在泰顺、平阳、文成、福鼎等地开展武装斗争,开辟了浙南游击根据地。从1935年3月至1938年3月,挺进师在浙西南、浙南进行了艰苦卓

中国工农红军挺进师纪念馆

绝的三年游击战争。1938年3月，根据党中央指示，粟裕率领浙南红军主力开赴皖南编入新四军，刘英等一批干部留下坚守浙南革命阵地。纪念馆为浙江省国防教育基地、党史教育基地。

中共闽浙边临时省委机关驻地旧址

位于瑞安市陶山镇沙门山。1937年初，中共闽浙边临时省委书记刘英带领省委机关和警卫队转到瑞（安）平（阳）边区活动，得到沙门山福泉寺住持池新华的接待。其间，刘英把临时省委机关设在沙门山福泉寺，随后派员到瑞安五云山、纸山、丁岙山等地开辟游击根据地。同年8月，浙江国共两党达成和平协议，刘英率临时省委机关离开沙门山。寺内陈列了中共闽浙边临时省委在福泉寺活动的图片资料等。

中共闽浙边临时省委机关驻地旧址（福泉寺）

红军山洞医院旧址

位于泰顺县峰文乡双溪口村。1937年2月,红军挺进师一部在峰文与国民党军队进行了3天的激烈战斗之后,实行了战略转移。刘英、粟裕将30多位红军重伤病员托付给双溪口村党支部。为防止国民党军搜索到,村支部把红军伤病员安置在山洞里。同年9月,红军伤病员痊愈归队。中华人民共和国成立后,粟裕高度评价双溪口村党支部书记黄明星等创建山洞医院的事迹。该址现为温州市爱国主义教育基地。

峰文大战纪念碑

位于泰顺县峰文乡牛塘湾村。1937年的泰顺峰文战斗,是红军挺进师在浙南与国民党军作战中规模最大的一次战斗。1937年2月5日,国民党军第八十师1个团和浙江保安第三、第四团,3个团共约3000人向泰顺峰文红军挺进师阵地发起进攻。战斗至第三天,国民党军形成了对挺进师主力两头夹攻之势。在这危急关头,山间突然起了一阵大雾。刘英、粟裕当即决定留下少量部队打掩护,主力部队迅速转移。两边敌

红军医院纪念碑与纪念亭

峰文大战纪念碑

人均误以为对方是红军,自相交火,伤亡严重。2001 年,峰文战斗旧址建立了纪念碑。

永嘉战时青年服务团旧址

位于鹿城区康乐坊路 280 号。抗日战争全面爆发后,各地的抗日救亡活动蓬勃开展。1937 年 8 月,永嘉战时青年服务团在温州成立;10 月下旬起,借康乐坊路口濂昌钱庄楼房办公,直到 1938 年底,被国民党温台戒严司令部强制解散为止。永嘉战时青年服务团坚持活动一年零四个月,全盛时有团员 8500 余人。其间,担负宣传、救护、检查敌货和除奸反谍等任务,是温州地区开展抗日救亡运动的中坚力量和影响最大的抗日团体。旧址现为温州市文物保护单位。

永嘉战时青年服务团旧址

中共闽浙边临时省委机关驻地旧址

分别位于平阳县凤卧镇凤林村和山门镇大屯村。1937 年 8 月,中共闽浙边临时省委与国民党闽浙赣皖四省边区主任公署签订和平谈判协议;9 月,刘英率临时省委机关移驻凤林村;11 月,中共闽浙边临时省

温 州

中共闽浙边临时省委机关驻地旧址（凤林）

中共闽浙边临时省委机关驻地旧址（大屯）

委召开第十二次扩大会议，传达了中共中央《关于南方各游击区域工作的指示》和博古给刘英的亲笔信。1938年初，中共闽浙边临时省委机关移驻大屯村；3月5日，中共中央东南分局副书记兼组织部部长曾山抵达大屯村召开中共闽浙边临时省委会议。曾山在会上传达了中共中央和东南分局的指示。旧址属于温州浙南（平阳）革命根据地旧址群，现为浙江省党史教育基地。

红军挺进师与浙南红军游击队会师地旧址

红军挺进师与浙南红军游击队会师地旧址（包垟）

位于瑞安市龙湖镇葛藤湖自然村。1936年9月，浙南委员会军事委员陈铁君率队来到葛藤湖，与粟裕率领的红军挺进师会师。会师当日，两支队伍移师平阳包垟。挺进师与浙南委员会及其武装的会师，使挺进师在浙南开辟的游击根据地范围得到扩展，为挺进师创建以平阳北港为中心的浙南游击根据地奠定了基础。

闽浙边临时省军区司令部旧址

位于平阳县山门镇凤岭山麓。1938年初，闽浙边

闽浙边临时省军区司令部旧址（龙井禅寺）

临时省军区司令部进驻平阳县山门镇凤岭山麓西南侧的龙井禅寺。为给抗日救亡干部学校讲课，粟裕经常在此挑灯备课。《粟裕军事文集》中的开篇，即他当年给干校学员和教导队授课的主要教材——《游击战术讲授大纲》就是在龙井禅寺拟稿成文的。旧址属于温州浙南（平阳）革命根据地旧址群，现为平阳县文物保护单位。

闽浙边抗日救亡干部学校旧址

位于平阳县山门镇山门小学西侧。为了培养抗日救亡青年干部，中共闽浙边临时省委于1938年1月15日借用原山门畴溪小学校舍，创办抗日救亡干部学校，共计100多名学员。学校开设哲学、政治经济学、抗日民族统一战线和游击战术等4门课程。同年3月15日，抗日救亡干部学校提前结业。部分学员随红军北上抗日，大部分学员赴全省各地参加抗日救亡运动和开辟新区的工作。旧址现为浙江省文物保护单位、党史教育基地。

闽浙边抗日救亡干部学校旧址

新四军驻闽浙边后方留守处遗址

位于平阳县水头镇平阳县第二中学校园内。根据国共两党达成的协议,新四军在浙南逐步建立办事机构。1938年3月,在平阳北港水头街设立新四军驻闽浙边后方留守处,黄耕夫任主任。留守处成立后,与国民党地方当局交涉,使瑞安、平阳、泰顺等县监狱里的"政治犯"得以释放;动员、输送一批进步知识青年到延安抗大、陕北公学和皖南新四军教导队学习。该址属于温州浙南(平阳)革命根据地旧址群。

新四军驻闽浙边后方留守处遗址标志碑

新四军驻温州通讯处旧址

位于鹿城区九柏园头。根据国共两党达成的协议，新四军在浙南逐步建立办事机构。1938年3月，建立新四军驻温州通讯处；5月12日，中共浙江临时省委机关迁至温州城区，新四军驻温州通讯处成为省委的主要交通联络站。新四军驻温州通讯处在开展抗日救亡宣传、接待输送抗日兵员、采购运送抗战物资、扩大抗日民族统一战线等方面做了诸多工作。旧址现为温州市文物保护单位。

新四军驻温州通讯处旧址

林环岛烈士故居

位于洞头区北岙街道状元巷。林环岛，1904年出生，洞头人。1926年春，在上海暨南学校读书时加入中国共产党。1929年，赴缅甸仰光，任华侨中共组织书记。1934年10月，前往越南，在华侨中开展抗日救亡工作。抗日战争全面爆发后，担任厦门市青年战时服务团儿童抗日救亡剧团总领队，开展抗日救亡宣传和募捐慰劳活动。曾率该团到越南、柬埔寨等地演出，宣传抗日，筹集抗日经费。1940年12月26日，因积劳成疾，病逝于越南西贡（今胡志明市）福善医院。

林环岛烈士故居

林夫纪念馆

位于苍南县钱库镇林家塔村。林夫，原名林裕，字宽如，1911年出生，苍南人，是20世纪30年代中期我国木刻运动先驱者之一，是一位用刻刀和笔抗战的斗士。曾任中共平阳县委组织部部长、宣传部部长等。1942年，被国民党顽固派杀害。纪念馆现为温州市爱国主义教育基地。

林夫纪念馆

中共浙南特委扩大会议旧址

中共浙南特委扩大会议旧址

位于文成县石垟林场石展林区石展村。1943年7—8月,中共浙南特委在石展村召开扩大会议,特委书记龙跃主持会议;8月,开展以学习党的整风文献和《论共产党员的修养》为内容的整风学习,在提高认识的基础上,开展批评与自我批评,从而增强了党内团结,提高了战斗力。

永乐人民抗日自卫游击总队成立地旧址

永乐人民抗日自卫游击总队成立地旧址

位于乐清市岭底乡泽基村。为统一乐清和瓯北两县斗争步伐,中共浙南特委于1945年3月30日决定建立中共瓯北中心县委,同时将两县武装部队合编为永(嘉)乐(清)人民抗日自卫游击总队,下辖11个中队,拥有700余人枪。在此后的革命历程中,永乐人民抗日自卫游击总队在日伪军、国民党顽固派环伺的复杂环境中坚持斗争,成为浙南地区的一支抗日中坚力量。1945年,旧址被国民党顽固派烧毁。中华人民共和国建立初期,当地重建了现有房屋。

中共永嘉县委旧址

中共永嘉县委旧址

位于鹿城区藤桥镇石垟村。为了进一步壮大党的组织,并为温州的解放培养和造就大批基层干部,1948年11月上旬至1949年4月,中共永嘉县委以石垟村为基地,进行了包括举办党务干部培训班,举行形式多样的军民文艺联欢,召开历时半个月的县委扩大会议等一系列活动,为解放和接管温州作了充分的准备。旧址现为鹿城区党史教育基地。

温州和平解放谈判旧址

位于瓯海区郭溪街道岭头村。1949年4月,中共浙南地委作出首先解放温州城,然后解放全浙南的军事部署,决定争取国民党温州区专员兼保安司令叶芳率部起义;5月1日、4日,浙南游击纵队代表与叶芳的代表在景德寺先后举行两次谈判,达成叶芳率部起义的协定;5月7日凌晨,浙南游击纵队分3路进入温州城,宣告温州和平解放。景德寺始建于宋代,旧址

温州和平解放谈判旧址（景德寺）

现为温州市爱国主义教育基地、党史教育基地，瓯海区文物保护单位。

弘扬英雄志　敢为天下先

不忘来路，始知归处。中华人民共和国成立后，历届温州市委、市政府始终把保护、传承、弘扬红色文化作为一项重大政治任务和铸魂工程来抓。全市现有革命遗址遗迹280余处，入围第一批全国30条"红色旅游精品线路"1条，列入全国红色旅游经典景区名录4家。2021年，温州依托红十三军、中共浙江省第一次代表大会、中共浙南特委、海霞精神等红色资源，遴选100家党史学习教育基地，打造10条"红动浙南"红色研学线路，让红色资源背后的故事广为

中央绿轴

人知,推进红色文化活化传承。

"红色根脉",薪火相传。温州革命先烈走过的路、写下的诗篇、传承的遗物,无不凝结着中国共产党人勇担使命、矢志不渝的精神特质。在红色文化的浸润下,温州从中华人民共和国成立初期的百业待兴到改革开放时期的伟大变革,一直走在前列,涌现出一批批先进典型人物和重要事件。比如,被写入《中国共产党历史(第二卷)》的温州燎原社,是中国大规模提出"包产到户"、并由当地县委带头试点的首创之举,被誉为"中国农村改革的源头"。洞头先锋女子民兵连历经60多年的淬炼,铸就了"海霞精神"。温州将红色文化与优秀传统文化有机结合,打造赓续"千年文脉"的历史文化之城,创成国家公共文化服务体系示范区,实现全国文明城市"三连冠"、全国双拥

模范城"五连冠"。温州发扬"走遍千山万水,想尽千方百计,说尽千言万语,吃尽千辛万苦"的"四千"精神,形成了"温州模式",打造"商行天下"的民营经济之城,拥有"中国电器之都""中国鞋都"等44个全国性生产基地。温州扛起改革"探路者"的使命担当,打造"敢为人先"的改革创新之城,"大综合一体化"行政执法改革走在前列,高水平推进国家创新型城市、"科创中国"试点城市建设,世界青年科学家峰会硕果累累。

以史为鉴、开创未来。习近平总书记曾深情寄语温州续写创新史,温州人民牢记嘱托,肩扛使命,接续用红色光芒照亮新征程,走好新时代的长征路,加快建设更具活力的"千年商港、幸福温州",努力在中国式现代化进程中续写温州创新史。

浙江红色文化名片
ZHEJIANG HONGSE WENHUA MINGPIAN

湖 州

湖州市革命烈士陵园雕塑

霅溪河畔铮鼓鸣
湖城英烈显雄姿 ★★★

湖州是一座有着2300多年建城史的文化名城,也是一方具有光荣革命传统的红色热土。1927年4月,中共湖州支部成立,揭开了党领导湖州人民革命斗争的序幕。在艰苦卓绝的革命年代,湖州人民前赴后继、矢志奋斗,钱壮飞等革命志士坚定信仰、不惧牺牲,谱写了壮丽的篇章。抗日战争时期,中共浙西特委在湖州建立,擎起了党在浙西敌后领导人民全面抗战的旗帜,迎来了新四军苏浙军区的成立,开辟了浙西抗日根据地。解放战争期间,湖州大部分党组织随新四军北撤,奉命留守的党员干部坚持隐蔽斗争,为湖州和平解放作出了贡献。百年征程,厚重的红色文化资源,是湖州奋进中国式现代化新征程的不竭动力和精神源泉。

风涌南太湖　壮烈谱春秋

革命战争年代的南太湖畔,一幅幅壮烈不屈的画卷,诉说着湖州人民用鲜血、生命书写的不朽诗篇。

中共湖州支部成立

1927年春,根据中共杭州地委决定,中共杭州地委委员张寅仲来到湖州,在共产党员、原湖州城西女校教师金鼎的协助下,开展建党工作;4月下旬,经中共杭州地委批准,中共湖州支部在湖州城区第一初级小学正式建立,金鼎任书记。中共湖州支部是湖州历史上第一个地方党组织。中共湖州支部的建立,标志着湖州人民的革命斗争进入了一个新阶段。

中共湖州支部旧址现状

中共浙西特委建立

1939年1月,中共浙江省委决定组建中共浙西特委,调省委常委、宁绍特委书记顾玉良主持中共浙西特委筹建工作;2月,顾玉良根据省委指示,在安吉县青松乡(今属递铺街道)枫树塘村主持召开了中共浙西特委第一次会议。会议宣布省委决定,正式成立中共浙西特委,顾玉良任书记,委员有彭林、徐洁身、张之华。中共浙西特委的成立,有力推动了湖州党组织的发展和抗日救亡运动的开展。

中共浙西特委第一次会议旧址

新四军十六旅部分指战员在槐坎温塘合影

新四军十六旅南下苏浙皖边

1943年9月，日军集中兵力2万余人对苏浙皖边区发动大规模"扫荡"。为了配合正面战场作战，收复失地，同年11月初，新四军十六旅在旅长王必成、政委江渭清率领下，由苏南尾随日军南下，并对日伪军发起作战。1944年1月，新四军十六旅旅部迁至长兴槐坎乡仰峰岕村（今煤山镇仰峰村）。经过3个月的连续作战，新四军十六旅开辟了郎（溪）广（德）长（兴）抗日根据地。

新四军苏浙军区成立与斗争

1944年秋，中共中央作出了新四军向东南敌后发展的战略部署，并指示中共中央华中局调新四军主力一部南下，发展苏浙皖边区和浙东沿海地区，为准备反攻作战创造条件。按照党中央的指示，新四军第一师一部由师长粟裕率领，从苏中南下。1945年1月6日，粟裕率领的部队在长兴仰峰岕与新四军十六旅会师，胜利完成进军浙西的任务；1月13日，新四军军部转发中央军委电令，成立新四军苏浙军区，任命粟

新四军苏浙军区在反顽自卫战中缴获的重机枪

新四军苏浙军区成立大会

裕为司令员,刘先胜为参谋长,统一指挥苏南与浙东部队;2月5日下午,新四军苏浙军区在长兴槐坎乡温塘村大操场举行成立大会;3月,根据中央电令,新四军第一师教导旅作为第二批部队,在师长叶飞率领下从苏中南下,于4月底顺利抵达长兴。第二批部队南下后,叶飞任新四军苏浙军区副司令员,钟期光任政治部副主任(后为主任)。从1945年2月至6月,新四军苏浙军区被迫发动天目山三次反顽战役,彻底粉碎了国民党顽固派聚歼新四军苏浙军区主力、驱逐新四军出江南的企图,并开辟了浙西抗日根据地。

苏浙皖边围歼战

1949年4月,人民解放军发起渡江战役,并于4

月23日攻占南京。4月24日，从南京一带溃退下来的国民党部队，沿宜兴以西山区直奔郎溪、广德，准备退守杭州。为围歼逃敌，人民解放军于4月下旬组织了苏浙皖边围歼战。第三野战军所属4个兵团，以吴兴、长兴地区为目的地，分别沿宣城、广德、郎溪和长兴、吴兴线迂回包围，展开强大的钳形攻势。4月27日，主力部队完成了合围任务，败退下来的国民党共计6个军的兵力，被包围在郎溪、广德、长兴之间的山区。4月29日，苏浙皖边围歼战胜利结束，共歼敌6万余人。在苏浙皖边围歼战过程中，4月28日，第三野战军第二十八军八十三师进入湖州城，千年古城湖州获得解放。

人民解放军在苏浙皖边追歼残敌

古城铸英魂　热血贯长虹

革命战争年代，湖州许多优秀儿女为民族独立和人民解放献出了宝贵的生命，其不惧牺牲、甘于奉献的精神，激励着一代代湖州人砥砺前行、不懈奋斗。

钱壮飞（1895—1935）

钱壮飞

浙江湖州人。早年就读于浙江省立第三中学、国立北京医科专门学校。1926年，在北京加入中国共产党。1929年，根据党的指示，打入国民党中央组织部党务调查科，担任科长徐恩曾的机要秘书，向党组织提供了许多有关国民党首脑机关的绝密情报。1931年4月，中共中央政治局候补委员、长期负责中共中央机关保卫工作的顾顺章在武汉被捕叛变。截获这一情报后，钱壮飞当即设法报告党中央和周恩来，为保卫党中央和中央领导作出了重大贡献。1931年夏，进入中央革命根据地工作，先后担任中央革命军事委员会政治保卫局局长、红一方面军保卫局局长、军委总参谋部第二局副局长等。1934年10月，参加长征。遵义会议后，被任命为红军总政治部副秘书长。1935年4月1日，牺牲于贵州省金沙县。周恩来总理将他与李克农、胡底并称为中共隐蔽斗争战线的"龙潭三杰"。2009年，钱壮飞被评为"100位为新中国成立作出突出贡献的英雄模范人物"。

刘别生（1915—1945）

刘别生

江西安福人。13岁时，参加红军。1934年，加入中国共产党，经历过中央苏区五次反"围剿"和南方三年游击战争。抗日战争全面爆发后，历任新四军一支队二团二连指导员、三营副营长、军部特务团团长。1941年1月皖南事变后，被任命为新四军一师二旅四团团长。其因作战勇猛，被称为"老虎团团长"。1943年初，赴苏南，任新四军十六旅四十八团团长。同年秋，率部抵达郎溪、广德、长兴一带，取得了杭村大捷，开辟了郎广长抗日根据地。1945年2—6月，参加了天目山三次反顽战役，6月4日，在第三次反顽自卫战的新登战役中牺牲。

韦一平（1906—1945）

韦一平

广西天河人，壮族。1924年，加入中国共产党。后加入国民革命军，曾参加第二次东征和北伐战争。1927年12月，参加广州起义，随后又赴广西左右江，参加百色起义。1931年，随红军第七军转战湘赣苏区。1934年，红军主力长征后，任中共萍（乡）宜（春）安（福）中心县委书记，在湘赣边区坚持三年游击斗争。抗日战争全面爆发后，任中共苏北特委书记、中共苏中第三地委、第一地委书记。1945年4月，任新四军苏浙军区第四纵队政委，不久兼任中共浙西地委书记，参加了天目山第三次反顽战役。1945年10月，根据中共中央指示，浙西新四军分批向江北转移；10月15日晚，率部800余人乘坐"中安"轮船至泰兴天星桥西南江面时，因轮船沉没，不幸殉职。

岁月燃烽火　精神永流传

湖州党组织百年奋斗历程，留下了革命遗址遗迹、革命纪念场馆等近100处。这些现存的革命遗址遗迹、纪念设施是湖州守好"红色根脉"、传承红色基因的重要载体。

中共老石坎支部旧址

位于安吉县孝丰镇老石坎村。1927年4月下旬，中共湖州支部建立后，湖属各县党的组织也相继建立。同年春，共产党员方铁城根据上级党组织安排，回到家乡安吉，在孝丰老石坎等地先后发展杨老五等6人加入中国共产党，并建立中共老石坎支部，杨老五任书记，这是安吉县最早的党组织。

中共老石坎支部旧址

中共湖州中心县委旧址

位于南浔区菱湖镇酱园弄1号。1929年6月，根据中央召开的浙江工作会议精神，中共湖州中心县委在菱湖成立，瞿绥如任书记。这是湖州历史上唯一一个直属中央领导的党组织，先后下辖1个县委、5个区委，有党员1000余人。1929年12月，中共湖州中心县委遭敌破坏，20余名党员骨干被捕。县委旧址现建有史迹陈列室。

中共湖州中心县委旧址

钱壮飞纪念馆

位于吴兴区桃源路99号湖州市革命烈士陵园内。

钱壮飞纪念馆序厅

纪念馆以钱壮飞烈士的革命人生历程为主线,以其所处不同历史阶段为分期,由序厅、投身革命、沪杭两年、龙潭潜伏、金陵之夜、红都岁月、长征路上和尾厅8个部分组成,共陈列文献、报刊、图片、实物、画作、模型和影视作品等1000余件,全景再现了钱壮飞烈士光辉而传奇的一生。纪念馆为浙江省党史教育基地。

周恩来和蒋介石莫干山谈判旧址

位于德清县莫干山509号别墅。西安事变和平解决之后,为国共合作抗日,国共两党进行了多次谈判,其中1937年3月24日至3月底,周恩来与蒋介石在杭州会谈后,又移至莫干山白云山馆会谈,谈判取得实质性进展,为实现国共合作抗日迈出重要一步。旧址现为全国重点文物保护单位。

周恩来和蒋介石1937年莫干山谈判旧址(白云山馆)

谢勃烈士纪念碑

位于德清县武康街道千秋社区。谢勃,1916年出生,镇海人。1938年,加入中国共产党。同年冬,随浙江省战时政治工作队开赴浙西,开展敌后抗日救亡运动。1940年3月,任中共武(康)德(清)县工委书记;9月16日,在武康三桥村召集会议时,被日军便衣特务逮捕,不久被日伪军杀害。1988年,当地在千秋村八角井建立谢勃烈士纪念碑。

谢勃烈士纪念碑

中共中央东南局政治交通站旧址

位于德清县莫干山553号别墅。1941年皖南事变后,浙西国民党当局也掀起反共逆流。为应对恶劣局势,中共中央东南局在莫干山553号别墅内设立政治交通站,负责与中共浙江省委联络及传递情报、转送干部等工作。1941年6月,该站被国民党浙西行署所侦悉,随即遭到破坏。旧址现为全国重点文物保护单位。

中共浙西北特委旧址

位于南浔区东迁街道浔北村姚家滩。1941年夏,

中共中央东南局政治交通站旧址(栖霞山庄)

中共浙西北特委旧址原貌

中共苏皖区委为加强对浙西京杭国道以东各县和江苏（无）锡南、苏（州）西地区党的工作统一领导，建立中共浙西北特委，朱辉任书记。中共浙西北特委成立后，特委机关相继驻吴兴双林（今属南浔区）、吴江严墓（今铜罗社区），后移驻南浔，以开店为掩护坚持隐蔽斗争。1942年2月，中共苏皖区委决定撤销中共浙西北特委，并入中共太滆特委。旧址现有史迹陈列室。

郎部抗日纪念馆

位于南太湖新区杨家埠街道潘店村。"郎部"是抗日战争初期，活跃在湖州的一支影响较大的抗日游击武装。该部由中共青浦中心县委书记王文林、军事部部长彭林与潘店村教师郎玉麟，于1938年初共同组建，全称为"吴兴县抗日游击大队"，郎玉麟任大队长。1941年冬，王文林等"郎部"牺牲的10余名烈士被集中安葬于金斗山北麓，安葬处被命名为"郎部公墓"。2017年，郎部抗日纪念馆建立，为湖州市爱国主义教育基地。

郎部抗日纪念馆

新四军苏浙军区旧址群

位于长兴县煤山镇。1945年1月,新四军苏浙军区成立后,以军区司令部为中心,政治部、供给部、一纵队司令部、苏浙公学、兵工厂、被服厂、修枪所、苏南报社等各种机构相继在长兴县西北山区建立。共有18处旧址建筑保存至今,是我国江南地区保存最为完整、规模最大的抗日战争时期旧址群之一。1985年,新四军苏浙军区纪念馆建立,系统展示1943年秋至1945年10月两年时间内,新四军在浙西的战斗及根据地建设历程。旧址群现为全国重点文物保护单位。新四军苏浙军区纪念馆为全国爱国主义教育示范基地、浙江省党史教育基地。

粟裕同志骨灰敬撒处

江南新四军党务委员会颁发给党员的中共党证 C.C.P.(新四军苏浙军区纪念馆藏)

新四军臂章(新四军苏浙军区纪念馆藏)

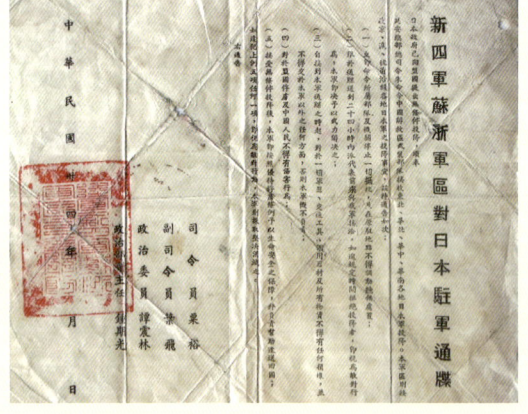

新四军苏浙军区对日本驻军通牒(新四军苏浙军区纪念馆藏)

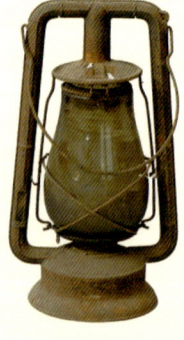

新四军使用过的煤油灯(新四军苏浙军区纪念馆藏)

新四军苏浙军区纪念馆

新四军苏浙军区前线指挥部（政治部）旧址（姚家大院）

新四军苏浙军区前线指挥部（政治部）旧址

位于安吉县天荒坪镇井村。1945年春，新四军苏浙军区取得了天目山第二次反顽战役的胜利，基本控制了东、西天目山地区；为了便于指挥前线作战，4月4日，新四军苏浙军区领导机关从长兴仰峰岕迁至孝丰县城，并设立前线指挥部；4月17日，前线指挥部移驻井村一带，政治部入驻姚家大院。第三次反顽战役结束后，前线指挥部撤回长兴仰峰岕。旧址现为浙江省文物保护单位。

孝丰革命烈士陵园、新四军天目山反顽战役纪念馆

位于安吉县孝丰镇城东社区。1945年2 6月，新四军苏浙军区主力遭到国民党顽固派的进攻，被迫在天目山地区发起三次反顽战役。在粟裕、叶飞等指挥下，新四军三战三捷，共歼顽军1.2万余人。孝丰革命烈士

陵园是为纪念天目山反顽战役中牺牲的新四军将士而兴建，为浙江省爱国主义教育基地。新四军天目山反顽战役纪念馆为浙江省党史教育基地。

新四军天目山反顽战役纪念馆

绿水青山长　使命勇担当

红色文化是湖州人民宝贵的历史遗产和精神财富，也是推动湖州高质量发展的强大动力和不竭源泉。百年来，湖州人民在中国共产党领导下，走过了充满烽火硝烟的战争岁月，红色文化蕴含着丰富的革命精神和厚重的历史文化内涵，是共产党人初心和使命的源泉。

中华人民共和国成立以来，历届湖州市委、市政府坚持守好"红色根脉"、传承红色基因，翻开了艰苦创业的社会主义建设篇章，开启了改革开放新征程，迈入了中国特色社会主义新时代。目前，湖州市共有66处革命遗址遗迹，其中被列为浙江省爱国主义教育基地的有3处。在红色文化的激励熏陶下，一代代英雄模范人物不断涌现,其中最著名的是献身祖国边防事业的"海空卫士"王伟。

湖州是"绿水青山就是金山银山"理念的诞生地,先后获得国家环境保护模范城市、国家卫生城市、国家园林城市、中国优秀旅游城市、中国魅力城市、全国城市综合实力百强市、国家森林城市、中国最具幸福感城市等荣誉称号,并成为全国首个地级市生态文明先行示范区,被联合国《生物多样性公约》缔约方大会认定为生态文明国际合作示范区。

党的十八大以来,习近平总书记12次对湖州工作作出重要指示、批示。2020年3月30日,习近平总书记再次到余村考察,赋予湖州"再接再厉、顺势而为、乘胜前进"的新期望、新要求。[3] 牢记习近平总书记的殷殷嘱托,湖州人民将在全面建成社会主义现代化强国的新征程中,守好"红色根脉",传承红色基因,赓续红色血脉,高水平建设生态文明典范城市,奋力谱写中国式现代化的湖州精彩篇章。

湖州新地标——双子大楼

浙江红色文化名片
ZHEJIANG HONGSE WENHUA MINGPIAN

嘉　兴

南湖红船

开天辟地一船红
南湖共筑百年梦 ★★★

习近平总书记指出:"上海党的一大会址、嘉兴南湖红船是我们党梦想起航的地方。我们党从这里诞生,从这里出征,从这里走向全国执政。这里是我们党的根脉。"[4]

1921年8月初,中国共产党第一次全国代表大会在嘉兴南湖的一艘游船上完成最后议程,宣告中国共产党正式成立。以"开天辟地、敢为人先的首创精神,坚定理想、百折不挠的奋斗精神,立党为公、忠诚为民的奉献精神"为深刻内涵的红船精神,也在此凝聚、升华、起航。

嘉兴这片红色沃土,见证了"开天辟地的大事变",发生了许多重大革命事件,涌现了许多矢志不渝的革命志士。中共早期全国58名党员中,就有嘉兴籍的沈雁冰、沈泽民兄弟。"中共一大卫士"王会悟,为中共一大召开作出了重大贡献。1925年初,中共嘉兴独立支部成立,全面领导嘉兴人民开展革命斗争。第一次国共合作期间,针对西山会议派的反共分裂活动,中国共产党召集浙江各地国民党左派人士,在海宁硖石东山南麓召开东山会议,沉重打击了在浙国民党右派势力。土地革命战争时期,陈云等领导枫泾武装暴动,沉重打击了反动统治,震惊江浙。解放战争时期,新四军北撤时的澉浦战斗,彻底粉碎了国民党意图消灭新四军浙东游击纵队的阴谋。

百余年来,嘉兴传承和弘扬红船精神,留存的红色人物、红色故事、红色场所等弥足珍贵的红色文化资源,承载着催人奋进的红色传统和红色基因,在激发爱国热情、凝聚人民力量、培育民族精神方面发挥着无可替代的重要作用。

画舫播火种　热血践初心

小小红船承载着人民的重托、民族的希望。嘉兴人民在革命红船领航下,用满腔热血书写了可歌可泣的壮丽诗篇。

中共一大南湖会议

1921年7月23日,中国共产党第一次全国代表大

南湖新貌

油画《启航》

会在上海开幕。由于受到暗探注意和法租界巡捕搜查，在王会悟提议下，同年8月初，会议转移到嘉兴南湖的游船上继续举行。会议通过了党的第一个纲领和第一个决议，确定党的名称为"中国共产党"，选举产生了党的领导机构——中央局，宣告中国共产党正式成立。"自从有了中国共产党，中国革命的面目就焕然一新了。"这是中华民族发展史上"开天辟地的大事变"，具有伟大而深远的意义。

中共嘉兴独立支部成立

为适应第一次国共合作后革命发展的新形势，中共上海地委陆续派出一批党员骨干到各地开展党的活动。1924年夏，嘉兴籍共产党员顾作之奉命从上海到嘉兴，会同同乡党员王贯三开展党的工作；8月，沈选千受派回家乡新塍镇开展工作。1925年3月，三人会聚于嘉兴精严寺，成立中共嘉兴独立支部，书记为顾作之，该支部担起直接领导嘉兴革命斗争的重任。

中共嘉兴独立支部成立地旧址（精严寺）

硖石东山会议旧址

硖石东山会议

1925年11月,国民党右派在北京西山碧云寺召开国民党一届四中全会(也称"西山会议"),公开反俄、反共,破坏国共合作;12月15日,国民党浙江临时省党部执行委员、共产党员宣中华根据中共上海地委指示,邀集全省各县市左派国民党组织成员共70余人,在海宁县(今海宁市)硖石镇东山嘤求社召开中国国民党浙江各县市党部联席会议(也称"东山会议"),公开声讨西山会议派的叛逆行径,否定国民党右派所控制的临时省党部,成立国民党浙江各县市党部联席会议,代行被右派把持的省党部职权。会议沉重打击了国民党右派在浙江的势力,推动了浙江国共合作统一战线的巩固和发展。

枫泾暴动

1927年八七会议后,我党派出许多干部分赴各地,恢复和整顿党的组织,发动武装起义,反抗国民党反动派。陈云等受中共江苏省委派遣,到松江、青浦一带恢复发展党的组织,组建农民革命武装。1927年末至 1928 年初，在上海、嘉兴交界的枫泾、小蒸举行了声势浩大的武装暴动，镇压了一批恶霸地主和反动官僚。1928 年 1 月 19 日，农民革命军遭到国民党军队的"围剿"。后陈云即转移到嘉善隐蔽下来，继续领导松江、青浦地区的革命斗争。嘉善建有农运星火馆。

嘉善农运星火馆内部展陈

《浙西导报》

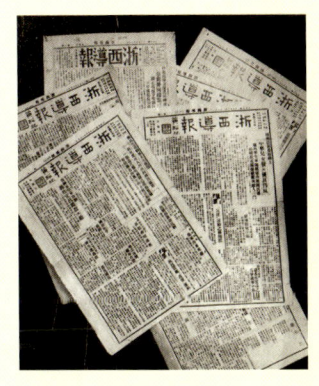

《浙西导报》

1938 年 9 月，海宁人吴曼华等爱国青年在海宁路仲镇郊创办抗日报纸《啸报》。同年冬，更名为《浙西导报》。1939 年夏，报社迁至崇德县（今属桐乡市）洲泉镇郊蒋家浜村，日印近千份，发行范围从崇德、桐乡扩大到吴兴、嘉兴城区、德清、武康等地。1940 年 3 月，成立中共浙西导报社支部，直属中共浙西特委领导。《浙西导报》成为中国共产党领导的抗日宣传舆论阵地，是浙西敌后唯一铅印的宣传抗日主张的进步报纸。1940 年 11 月，报社被国民党浙西行署查封。

新四军在海北地区的斗争

1943 年 5 月，中共浙东区委派军事干部到澉浦，成立进步组织"益友社",为抗日武装斗争作准备。1944年5—6月,为配合浙东抗日根据地的第二次反顽自卫战,新四军浙东游击纵队司令部组建海北支队,以"第三战区直属智勇部队"番号作掩护,在澉浦建立海北地区唯一的抗日游击区,开展抗日武装斗争,鼓舞了当地群众的抗日斗志。同年8月26日,海北支队奉命返回浙东。

新四军海北支队驻地旧址

澉浦战斗

抗日战争胜利后,为充分表达我党谋求和平的真

新四军北撤澉浦之战纪念碑

新四军浙东纵队北撤澉浦扇子山战斗遗址

诚愿望,毛泽东等赴重庆同国民党当局进行谈判,主动让出南方8个解放区。1945年9月25日,新四军浙东游击纵队奉中共中央华中局指示,渡杭州湾北撤。但国民党当局背信弃义,企图趁纵队北渡杭州湾之机将其消灭。同年10月4日晨,纵队约1200人在杭州湾北岸澉浦(今属海盐县)登陆时,遭到国民党正规军约15000人的重重包围。在与顽军激战16个小时后,纵队以牺牲223名指战员的代价突围,粉碎了国民党企图制造第二个皖南事变的阴谋。

嘉兴起义

1949年2月,号称"太子军"的国民党国防部预备干部总队移驻嘉兴子城,并扩充为陆军预备干部训练团。团长兼第一总队队长贾亦斌与中共中央上海局策反工委取得联系,并于1949年3月加入中国共产党,准备率部起义。因机密泄露,1949年4月7日,贾亦斌率3000余人以进行军事演习为由离开嘉兴,在桐乡乌镇镇西提前宣布起义。在国民党军的追杀和拦截下,

1948年,贾亦斌为《嘉兴青年中学校刊》题词

嘉兴子城

起义失败。贾亦斌只身突出重围,辗转到达安徽宁国中共苏浙皖边区工委所在地。嘉兴起义给"蒋家王朝"在政治上以沉重打击。

危躯赴国难　丹心照汗青

在风雨如磐、乌云笼罩的革命年代,英勇的嘉兴儿女怀着坚定的理想和信念,前仆后继,共赴国难,书写了气壮山河的英雄史诗。

沈雁冰(1896—1981)

笔名茅盾,浙江桐乡人。五四运动后,积极投身新文化运动和社会革命活动。1920年10月,在上海加入中国共产党早期组织,是《新青年》的主要撰稿人。1920年11月,主编《小说月报》,并以此为掩护,担负起"中央联络员"的秘密使命。1923年,到中共主导创办的上海大学任教。1925年12月,任国民党上海特别市党部宣传部部长。1926年10月,任中央军事政治学校武汉分校政治教官。次年春,出任武汉《民国日报》主编。1930年4月,加入左联。1937年后,就职于救亡日报社,主编《呐喊》(后改名《烽火》)。1940年5月,赴延安,在鲁迅艺术文学院等地讲学。1946年5月,回上海主编《文联》杂志,并参加呼吁和平、争取民主的活动。中华人民共和国成立后,历任第一任文化部部长、全国政协副主席、全国文联副主席、中国作家协会主席等。代表作有《子夜》《林家铺子》等。

沈雁冰

茅盾故居

沈泽民

1920年7月，沈雁冰（左）、张闻天（中）、沈泽民（右）摄于上海

沈泽民（1900—1933）

浙江桐乡人。1919年，投身五四运动。1921年4月，经胞兄沈雁冰介绍，在上海加入中国共产党早期组织。1922年5月，出席中国社会主义青年团第一次全国代表大会，当选为团中央委员，与俞秀松、张太雷等共同主持团中央日常工作。1924年初，当选为中共上海地委委员，从事工人运动。1928年6月，出席在莫斯科召开的中共六大。1931年1月，在党的六届四中全会上，当选为中央委员，任中央宣传部部长；4月，到达鄂豫皖苏区，先后担任中共中央鄂豫皖分局委员、中共鄂豫皖省委书记、中华苏维埃共和国临时中央政府中央执行委员等。1933年11月，因积劳成疾，病逝于湖北黄安（今红安）。

王会悟

王会悟（1898—1993）

浙江桐乡人。1919年，任上海女界联合会文秘，结识李达。两人于1921年4月结为伉俪。1921年，王会悟加入社会主义青年团；7月，中共一大召开期间，负责会务工作。因法租界巡捕袭扰，提议会议转移至

嘉兴南湖举行，后会议在一艘游船上完成最后的议程。其为中共一大召开作出重要贡献，被誉为"中共一大卫士"。中华人民共和国成立后，在政务院法制委员会工作。

张佐臣

张佐臣（1906—1927）

浙江平湖人。1924 年，加入中国共产党。1925 年 2 月，参与组织领导上海日商纱厂工人"二月大罢工"，后投身五卅运动。1926 年，当选为中华全国总工会执行委员、中共上海区委委员，后奉调到无锡组建中共无锡独立支部并任书记。1927 年 4 月，参加中共五大，当选为中央监察委员会委员；6 月，任中共江苏省委委员；6 月 29 日，在上海北四川路（今四川北路）开会时被捕；7 月 1 日，牺牲于枫林桥。

张堂坤

张堂坤（1903—1927）

浙江平湖人。1924 年，考入黄埔军校第二期工兵科，加入中国共产党。1925 年，参加广东国民革命军东征。1926 年，加入叶挺独立团并随军北伐。1927 年 8 月，参加南昌起义；10 月 1 日，在广东省大埔县三河坝的突围战斗中，代理起义部队团长之职，任前沿阵地指挥；10 月 4 日，在完成掩护主力转移后突围时被捕，次日牺牲。

施　奇（1922—1942）

浙江平湖人。1937 年 8 月，淞沪会战爆发后，参加党领导的中国红十字会煤业救护队。1938 年 8 月，在皖南参加新四军，并加入中国共产党，被分配到军

施奇铜像

部速记班,随后被调到军部机要科,任江北大组组长。1941年1月,在皖南事变中被俘,后囚禁在上饶集中营。面对敌人的百般摧残蹂躏和威逼利诱,坚贞不屈。1942年5月,被敌人活埋于上饶茅家岭。

峥嵘忆往昔　胜迹启今人

血与火的记忆,凝固在时光深处,定格了卓越芳华。现存的各类革命遗址、纪念设施记录着嘉兴大地波澜壮阔的革命历史,寄托着嘉兴人民对巍巍英魂的思念与敬意。

中共一大纪念船

中共一大纪念船又称"红船",泊于嘉兴南湖烟雨楼正前方水面。1921年8月初,中国共产党第一次全国代表大会由上海转移至嘉兴南湖的一艘游船上继续召开,完成最后议程,宣告中国共产党正式成立。"小

南湖红船

小红船承载千钧,播下了中国革命的火种,开启了中国共产党的跨世纪航程。"中华人民共和国成立后,为生动展现中国共产党诞生的历史场景,宣传党的创建历史,1959年,在中共中央的关怀下,当地仿制了当年中共一大开会的游船。该船经中共一大代表董必武审定,作为中共一大纪念船,于当年10月对外开放。1964年4月5日,董必武重访南湖,瞻仰红船,并即兴挥毫题诗一首:"革命声传画舫中,诞生共党庆工农。重来正值清明节,烟雨迷濛访旧踪。"

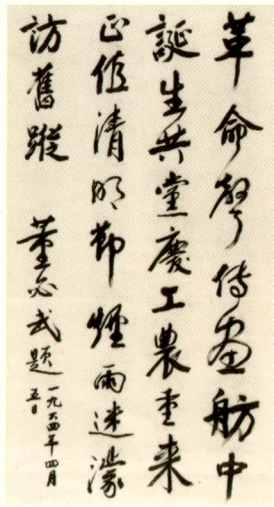

董必武手迹

南湖革命纪念馆

位于嘉兴市区烟雨路。为纪念中共一大在嘉兴南湖胜利闭幕、宣告中国共产党正式成立这一"开天辟地的大事变",在中共中央的关怀下,1959年10月1日,南湖革命纪念馆在南湖湖心岛烟雨楼正式对外开放。为更好保护、挖掘、利用南湖红色资源,2005年10月,南湖革命纪念馆扩建项目获得中央有关部门批准。2006年6月28日,时任浙江省委书记习近平为位

1921年前后的烟雨楼

南湖革命纪念馆

于现址的南湖革命纪念馆新馆奠基。2011年建党90周年前夕,新馆落成开放。馆内设"红船起航"基本陈列展,展示了中国共产党从创建以来的百年间,团结带领全国各族人民为争取民族独立、人民解放和实现国家富强、人民幸福而不懈奋斗的光辉历程。2017年10月31日,习近平总书记带领第十九届中共中央政治局常委参观南湖革命纪念馆时指出:"上海党的一大会址、嘉兴南湖红船是我们党梦想起航的地方。我们党从这里诞生,从这里出征,从这里走向全国执政。这里是我们党的根脉。"[5]

中共嘉崇桐工委机关驻地旧址

位于桐乡市洲泉镇河东路110号。1940年2月,中国共产党领导的浙江省战时政治工作队第一大队第二队,进入崇德、桐乡、嘉兴城区一带开展抗日救亡

中共嘉崇桐工委陈列馆

运动，并驻扎于崇德县洲泉镇郊蒋家浜，大队建有中共特支。当月下旬，中共浙西特委以大队特支为基础，建立中共嘉（兴）崇（德）桐（乡）工作委员会，姚旦任书记。工委积极发展党组织，领导群众开展革命活动，成为当地抗日救亡运动的指挥中心。2021年，中共嘉崇桐工委陈列馆建成开放，为嘉兴市党史教育基地。

中共海北工委机关驻地旧址

位于海盐县澉浦镇甪里村。为了加强对海北地区党的工作的领导，1940年5月，中共浙西特委在平湖县（今平湖市）成立中共海北工委；11月，原工委书记于以定被捕，工委被迫转移。1941年4月，中共海北工委在海盐待莳庙重新组建，黄炎任书记，并于8月迁至澉浦镇甪里堰坝头西18号，甪里即成为海北地区党的活动中心。旧址经修缮后，对外开放。

中共海北工委机关驻地旧址

中共淞沪地委洪家滩会议旧址

位于嘉善县天凝镇洪溪社区安澜桥南首。抗日战

中共淞沪地委洪家滩会议旧址

争胜利后,中国共产党在重庆谈判时为充分展现谋求和平的诚意,主动让出南方8个解放区。中共淞沪地委和淞沪支队奉命北撤。北撤前,决定地委副书记兼组织部部长姜杰暂时留下,部署秘密工作。1945年10—11月,在嘉善县洪家滩召开会议,布置北撤后留下部分党员干部坚持秘密工作等事宜。这对苏浙交界地区解放战争初期壮大党组织、扩大党的政治影响力起到了积极作用。2018年,旧址陈列室建成开放。

沈钧儒故居

沈钧儒

位于嘉兴市区环城南路。沈钧儒,1875年出生,嘉兴人。1912年,加入中国同盟会,曾参加辛亥革命和护法运动。1933年,参加中国民权保障同盟。1936年,与宋庆龄等发起组织全国各界救国联合会,积极开展抗日救亡运动,触怒国民党当局而被捕入狱,为著名的"七君子"领头人。后参与创立中国民主同盟,任常务委员。中华人民共和国成立后,历任最高人民法院院长、全国政协副主席、全国人大常委会副委员长和民盟中央主席等。1998年,沈钧儒故居原址修缮后对外开放。现为全国重点文物保护单位。

沈钧儒故居

沙可夫塑像

位于海宁市丁桥镇梁家墩萨柯公园内。沙可夫，原名陈维敏，1903 年出生，海宁人。早年就读于上海南洋公学。1926 年，赴法国学习音乐；12 月，加入中国共产党。1927 年，任中共旅欧支部书记；4 月，赴莫斯科中山大学学习。1932 年 5 月，奉命进入中央苏区工作，任中华苏维埃共和国临时中央政府教育部副部长、中央政府机关报《红色中华》主编。1937 年 10 月，到达延安，先后任新华通讯社主任、延安鲁迅艺术学院副院长兼党组书记、晋察冀分局文委书记等。中华人民共和国成立后，历任中央文委委员、人民文学出版社社长、中央戏剧学院党委书记等。2016 年，沙可夫塑像落成。

沙可夫塑像

张琴秋塑像

位于桐乡市石门镇。张琴秋，1904 年出生，桐乡人。早年就读于浙江省立第一女子师范学校、上海爱国女学、上海大学。1924 年 11 月，加入中国共产党。1925 年底，赴莫斯科中山大学学习。1931 年 3 月，到鄂豫皖苏区工作。1934 年 1 月，当选为中华苏维埃共和国中央执行委员会委员，任红四方面军政治部主任、中共西北局委员等。抗日战争时期，身处延安，在为党培养妇女干部方面成绩卓越。中华人民共和国成立后，任纺织工业部党组副书记、副部长，分管纺织工业近 20 年，为中国纺织工业的发展作出重要贡献。2022 年，塑像落成。

张琴秋塑像

沈鸿纪念馆

沈鸿纪念馆

位于海宁市教育园区内。沈鸿,1906年出生,海宁人,著名机械工程学家、中国科学院院士。抗日战争初期,奔赴延安,设计制造了134种型号、数百台(套)军工设备和400多台(件)民用工业设备,为陕甘宁边区工业发展作出了突出贡献。中华人民共和国成立后,历任电机制造工业部副部长、煤炭工业部副部长、农业机械部副部长、第一机械工业部副部长等。2011年,纪念馆建成开放,现为浙江省廉政文化教育基地、党史教育基地。

矢志守根脉　奋进新征程

嘉兴从"江南文化之源"到中国革命红船起航地,悠悠七千年,留下了数不完、道不尽的名人轶事和历史典故,涌现出惊天地、泣鬼神的英雄人物和志士豪杰。在中国共产党领导下,在红色文化滋养下,嘉兴人民奋发图强、砥砺奋进,谱写了千年古城的崭新时代华章。

中华人民共和国成立后，嘉兴地方党组织在领导人民进行社会主义革命和建设、迈向现代化的伟大征程中，始终把保护、传承、弘扬"红色根脉"作为重大政治责任和铸魂工程来抓，推动红色文化看得见、记得住、传得开、融得进。在红色文化的激励、熏陶下，一个个模范不断涌现，一个个难关不断攻克，一个个奇迹不断创造。20世纪50年代，平湖新仓供销社与农业生产合作社订立结合合同的经验，得到毛泽东的批示肯定。20世纪60年代，根据毛泽东指示，田家英嘉善和合调查为党中央制定《农业六十条》，为解决当时农村工作上的诸多问题提供了重要依据。党的

浙江清华长三角研究院

十一届三中全会后，步鑫生带领的海盐衬衫总厂改革，推动了全国城市经济体制改革。在海盐人民热情支持下建成的秦山核电站，是中国第一座自行研究、设计和建造的核电站。嘉善县成为全国首个县域科学发展示范点。源于桐乡的"自治、法治、德治"三治融合基层社会治理模式被写入党的十九大报告。习近平总书记更是亲自促成浙江清华长三角研究院落户嘉兴，为南湖革命纪念馆奠基，圈定乌镇为世界互联网大会永久举办地，为嘉兴标注新的发展坐标。[6]

2017年10月31日，习近平总书记带领第十九届中共中央政治局常委瞻仰南湖红船、参观南湖革命纪念馆并发表重要讲话。[7]嘉兴人民牢记习近平总书记的殷殷嘱托，坚守"红色根脉"，传承红色基因，团结奋斗，勇毅前行，在打造长三角城市群重要中心城市、奋力谱写中国式现代化嘉兴新篇章的历史进程中，贡献更多力量！

浙江红色文化名片
ZHEJIANG HONGSE WENHUA MINGPIAN

绍 兴

回山会师纪念馆

古越大地风雷动
精忠报国群英聚 ★★★

绍兴是国家历史文化名城，也是一方近现代史上的革命热土。在中国共产党创建过程中，绍兴籍先进分子发挥了重要作用。1921年9月，萧绍农民运动兴起，这是中国共产党领导的全国第一次有组织、有纲领的农民运动。1923年7月，中共绍兴（党、团）地方支部成立后，绍兴的革命就有了组织领导。绍兴的许多地方是抗日战争时期浙东抗日根据地的组成部分，也是解放战争时期浙东游击根据地的重要区域。在绍兴这块红色的土地上，发生过许多可歌可泣的重大事件，涌现出众多彪炳史册的红色英雄人物，留下了数以百计的革命遗址遗迹。这些红色文化资源是绍兴人民宝贵的历史遗产和精神财富，也是推动绍兴发展的强大动力和不竭源泉。

风云映古城　星火燎会稽

绍兴是一片具有光荣革命传统、流淌着红色血液的热土，是中国共产党较早开展活动和建立地方组织的地区之一，对中国革命的历史进程产生了重要影响。

中共绍兴（党、团）地方支部成立

1923年6月，中共上海地方执行委员会兼江浙区执行委员会书记徐梅坤派中共党员何赤华到绍兴县负责建党工作；7月，中共绍兴（党、团）地方支部在县城龙山仓颉祠成立，这是绍兴历史上第一个中共地方组织。1924年4月，中共上海地委派张秋人、俞秀松到绍兴指导工作，将党、团支部分设，单独成立中共绍兴地方支部，何赤华任书记，归属中央直接领导。

中共绍兴（党、团）地方支部成立地旧址

周恩来1939年故乡行

1939年3月28—31日，中共中央革命军事委员会副主席周恩来以国民政府军事委员会政治部副部长的身份，以祭扫祖茔、寻访亲友的名义回到绍兴。在绍兴期间，他听取地方党政军官员的情况汇报，巡视抗战工作，作关于抗战形势和任务的演讲；祭扫祖墓，续补家谱，并为亲友和各界人士题写了"勿忘鉴湖女侠之遗风，望为我越东女儿争光"等条幅。周恩来的故乡行，对巩固和发展绍兴地区的抗日民族统一战线、推动抗日救亡运动起到了积极的作用。

周恩来题写的条幅

周恩来与绍兴亲友合影

许岙战斗

1945年5月26日,驻四明山区的国民党挺进第四纵队司令田岫山公开率部投降日军,被改编为伪"中央税警团第三特遣部队"。新四军浙东游击纵队为了巩固浙东抗日根据地,于同年5月底发起讨田战役;6月7日,开始攻打田岫山的老巢上虞许岙,经过14个昼夜的艰苦战斗,于6月20日攻克,歼灭伪军1000余人,缴获一批武器装备。新四军浙东游击纵队乘胜解放了上虞县城丰惠镇,使丰惠镇成为浙东抗日根据地后期的指挥中心。

许岙战斗展陈馆

浙东新四军北撤会议

抗日战争胜利后,国共两党在重庆谈判,中共方面同意让出包括浙江在内的南方8个解放区。1945年9月23日,中共浙东区委扩大会议在上虞县丰惠镇钱家弄区党委机关驻地召开。会上传达了中共中央、华中局和新四军军部关于浙东新四军北撤的指示,对北撤任务和北撤后浙东的工作作了具体布置。会议决定建立"新四军浙东游击纵队留守处",处理我军北撤的善后事宜。7天后,根据地的新四军指战员及地方干部、工作人员约1.5万人开始渡杭州湾北撤。

石璜缴枪

1946年6月,全面内战爆发。在和上级党组织失去联系的情况下,中共金萧地区特派员马青决定从国民党手中夺取武器,重建人民武装。同年11月19日,马青集合部分武装,在嵊(县)西地下党的协助下,对驻石璜镇辅仁乡的国民党自卫队发起突袭,缴获轻机枪、步枪等共50多支。石璜缴枪为浙东地区游击战争的开展作出了重要贡献。

北撤会议旧址

石璜缴枪旧址(石璜镇关帝庙)

回山会师纪念馆

回山会师

为了更好地配合解放大军即将南下的形势,1949年1月,党领导下的浙东各游击武装700余人在新昌回山村会师;1月25日,中共浙东临委在回山村召开第二次(扩大)会议,通过《关于浙东胜利前夜的形势与我们的任务》的决议,部署今后浙东工作。会议决定成立浙东人民解放军第二游击纵队,马青任司令员,顾德欢任政委。回山会师是对中共浙东临委成立以来浙东工作的一次全面总结,也是解放全浙东的一次总动员。

越中多英杰　热血荐轩辕

革命年代,绍兴涌现众多彪炳史册、名震寰宇的英雄豪杰,为了民族的解放、国家的独立和人民的幸福,他们不惜抛头颅、洒热血,前仆后继、百折不挠,谱写出一曲曲壮丽的颂歌,折射出绍兴人民革命斗争艰难而光辉的历程。

周恩来（1898—1976）

字翔宇，祖籍浙江绍兴，出生于江苏淮安。周恩来是伟大的马克思主义者，伟大的无产阶级革命家、政治家、军事家、外交家，党和国家主要领导人之一，中国人民解放军主要创建人之一，中华人民共和国的开国元勋，是以毛泽东同志为核心的党的第一代中央领导集体的重要成员。周恩来从1927年起就是党中央的核心领导成员。中华人民共和国成立后，长期担任党和国家重要领导职务，参与领导了革命和建设时期党的各项重大工作，为党和人民事业取得的每一个重大胜利付出了诸多心血。周恩来注重把马克思主义基本原理同我国具体实际相结合，善于总结党领导革命和建设正反两方面的经验，善于发现和总结人民群众创造的新鲜经验，善于从中华优秀传统文化和世界文明中汲取智慧，善于进行实事求是的理论思考和深刻阐释党的路线、方针、政策，在政治、经济、文化、社会、军事、外交、统一战线和党的建设等领域都作出了理论建树，为毛泽东思想的形成和发展作出了重要贡献，也为改革开放新时期我们党形成中国特色社会主义理论体系提供了重要思想启迪。

周恩来

鲁　迅（1881—1936）

原名周树人，浙江绍兴人。中国现代杰出的文学家、思想家和革命家，新文化运动的旗手之一，被誉为中华民族的"民族魂"。1918年5月，首次用"鲁迅"作笔名，发表中国现代文学史上第一篇白话小说《狂人日记》，奠定了新文学运动的基石。1920年起，先后在北京大学、北京师范大学、厦门大学、中山大学任教。

鲁迅

参加筹建左联,被毛泽东誉为"中国文化革命的主将"。代表作有《狂人日记》《阿Q正传》《中国小说史略》等。现有多种版本的《鲁迅全集》问世。

邵力子（1882—1967）

邵力子

浙江绍兴人。中国近代著名政治家、教育家。早年加入同盟会,并与柳亚子等人发起组织南社,提倡革新文学。1916年,创办《民国日报》,为宣传新思想新文化作出重要贡献。1920年8月,参加陈独秀等在上海成立的中国共产党早期组织,是全国最早的中共党员之一。一生主张国共合作,在西安事变和平解决、抗日民族统一战线的形成等重大事件中都发挥了重要作用,并作为国民党代表参加国共两党重庆谈判、北平谈判。中华人民共和国成立后,曾任中央人民政府政务院委员、全国人大常务委员会委员、政协全国委员会常务委员,致力呼吁台湾回归,为实现祖国统一大业不懈努力,被誉为"和平老人"。

汪寿华（1901—1927）

汪寿华

浙江诸暨人。1920年,参加社会主义青年团,是全国最早的青年团员之一。1923年,加入中国共产党,任中共江浙区委（上海区委）常委、区委职工运动委员会书记,上海总工会代理委员长,是五卅反帝爱国斗争的主要领导人之一。1926年10月至1927年3月,先后参与指挥了上海工人三次武装起义。上海工人第三次武装起义胜利后,汪寿华当选上海总工会委员长。1927年4月11日,被杜月笙暗杀,成为四一二反革命政变中最早牺牲的共产党员之一。

宣中华（1898—1927）

浙江诸暨人。早年就读于浙江省立第一师范学校，任杭州学生联合会执行部理事长，领导震动全国的"一师风潮"和"驱逐齐（耀珊）夏（敬观）"的斗争。参与领导中共诞生后全国最早的农民运动——萧绍农民运动。1924年，加入中国共产党，后积极投身国共合作运动，是浙江实现第一次国共合作的推动者和领导者。任国民党浙江省党部常务委员、省党部中共党团书记。1927年4月，国民党右派发动反革命政变后，在上海被捕牺牲。

宣中华

杨眉山（1885—1927）

浙江诸暨人。1924年1月，加入中国共产党。1925年8月后，历任中共宁波支部书记、中共宁波地委书记、国民党宁波市党部常委和中共党团书记，被各界公认为宁波著名群众领袖。1927年4月，国民党右派发动反革命政变时，在宁波被捕；6月，在宁波牺牲。

杨眉山

何赤华（1899—1927）

浙江诸暨人。早年就读于浙江省立第五师范学校，积极投身五四爱国运动。1922年，加入中国共产党。1923年7月，在绍兴开展党团组建工作，建立中共绍兴（党、团）地方支部，任书记。后转赴上海，参加上海工人第一次武装起义。1927年1月，回浙江，任国民党浙江省党部农民部秘书；4月，国民党右派发动反革命政变时，在杭州被捕；7月，在浙江陆军监狱牺牲。

何赤华

王一飞（1898—1928）

王一飞

浙江上虞人。1920年，加入社会主义青年团。1921年，被派往莫斯科东方大学学习。1922年，转为中国共产党党员，并担任中国社会主义青年团旅莫支部负责人。曾参加青年共产国际（少共国际）第四次代表大会、共产国际第五次代表大会。在中共五大上，当选为中央委员，后又任中央军委秘书长，是周恩来的得力助手。1927年10月，担任中共湖南省委书记。1928年1月，由于叛徒告密，在湖南长沙被捕牺牲。

叶天底（1898—1928）

叶天底

浙江上虞人。早年就读于浙江省立第一师范学校。1920年，与俞秀松等创建社会主义青年团，是全国最早的青年团员之一。1923年，加入中国共产党。后赴苏州开展革命活动，创建中共苏州独立支部，任书记。1926年，返乡创建中共上虞独立支部，任书记。北伐军入浙后，以共产党员身份加入国民党，任国民党上虞县临时执行委员会委员。四一二反革命政变后，参与组织浙东暴动。1927年11月，因暴动计划泄露遭逮捕。1928年2月，在浙江陆军监狱牺牲。

张秋人（1898—1928）

张秋人

浙江诸暨人。1921年，加入社会主义青年团。1922年，加入中国共产党。曾任中共上海地方兼区执行委员会候补委员、团中央委员、国民党政治委员会机关刊物《政治周报》编辑、黄埔军校政治教官。1927年9月，任中共浙江省委书记；9月29日，在杭州西湖边被捕。1928年2月，在杭州牺牲。

郑覆他（1904—1928）

浙江诸暨人。1923年冬，加入中国共产党。后赴上海，历任上海印刷总工会总务长、中共上海区委委员、上海总工会主席团成员，参与领导上海工人第三次武装起义。大革命失败后，又任中共江苏省委常委、上海市总工会委员长等。1928年6月，在上海牺牲。

郑覆他

梁柏台（1899—1935）

浙江新昌人。早年就读于浙江省立第一师范学校。1921年，赴莫斯科东方大学学习。1922年，加入中国共产党。1931年，回国，赴中央革命根据地工作，参与起草中华苏维埃第一次全国代表大会的文件，在大会前后，负责起草《中华苏维埃共和国宪法大纲》及《中华苏维埃共和国宪法草案》《中华苏维埃共和国婚姻条例》等法令。会上，当选宪法起草委员会委员。曾任中华苏维埃共和国司法人民委员部部长、临时检察长、内务人民委员部部长等。1934年红军主力长征后，留在苏区，任中央政府办事处副主任。1935年3月，在江西大余县牺牲。

梁柏台

宣侠父（1899—1938）

浙江诸暨人。早年留学日本北海道帝国大学。1923年，加入中国社会主义青年团，不久，转为中国共产党党员。1924年春，建立台州地区最早的党组织——海门党小组。同年，入黄埔军校第一期学习。1925年，开始从事统一战线工作，曾任国民革命军第二集团军前敌总指挥部政治部主任、第十八集团军高级参议等，在国民党上层人士中做了大量的统战工作。

宣侠父

1938年7月，在西安被国民党军统特务暗杀。

俞秀松（1899—1939）

俞秀松

浙江诸暨人。早年就读于浙江省立第一师范学校，是五四运动时期杭州学生运动的领袖之一。1920年8月，和陈独秀等在上海发起成立中国共产党早期组织，是全国最早的党员之一，也是社会主义青年团创始人之一。1925年10月起，先后在莫斯科中山大学、列宁学院学习和任教。1935年6月，受联共（布）中央委派到新疆工作，任新疆学院院长。1939年2月，在苏联肃反扩大化中牺牲。

任　光（1900—1941）

任光

浙江嵊州人。1919年，赴法国里昂大学学习音乐。1933年，担任中国电影文化协会执行委员。1934年，创作了风靡于世的《渔光曲》。抗日战争时期，在国内的长沙、汉口以及国外的新加坡等地从事抗日宣传。1940年10月，赴新四军军部工作。1941年1月，在皖南事变中牺牲。2014年，入选民政部公布的第一批300名著名抗日英烈和英雄群体名录。

何　云（1905—1942）

何云

浙江上虞人。1930年8月，赴日本早稻田大学学习。1932年，在上海加入中国共产党。抗日战争全面爆发后，赴武汉新华日报社工作。1938年秋起，着手创办《新华日报》华北版，并任《新华日报》华北分馆主任兼总编辑。1942年5月，在山西辽县大羊角附近与日军的遭遇战中牺牲。2014年，入选民政部公布的第一批 300 名著名抗日英烈和英雄群体名录。

革命留胜迹　红动古越地

作为在中国革命历史上具有重要地位和影响的城市，绍兴各地的红色印记是中国共产党领导人民浴血奋战、艰苦创业的历史见证，是进行爱国主义教育和开发红色旅游的重要载体。

中共诸暨县第一次代表大会旧址

位于诸暨市暨阳街道郭叶柏村，属滴水道院房舍。1927 年 9 月，中共诸暨县第一次代表大会在此召开，与会代表有 20 多人。会上，选举产生由宣侠父、张以民、金城等 7 名代表组成的中共诸暨县第一届委员会，并作出加快建立和发展党组织，发动罢市罢课等决议。旧址现为诸暨市红色教育基地。

中共诸暨县第一次代表大会旧址（滴水道院）

曹素民故居外景

中共浙江省工委、中共宁绍（绍属）特委机关旧址

曹素民故居

　　位于柯桥区王坛镇青坛村曹家台门。曹素民，1901年出生。黄埔军校第三期毕业。1925年9月，加入中国共产党。1927年8月，参加了南昌起义；10月，回浙。在嘉兴、兰溪等地负责军事及农民运动，后任中共浙江省委常委兼杭县县委书记。1928年10月，被派往绍兴，以恢复和发展绍兴地区党组织。中共绍兴县委成立后，任书记，领导群众开展减租反霸斗争、罢工斗争。1929年11月，被捕。1930年8月，在浙江陆军监狱牺牲。故居设有曹素民事迹陈列馆。

中共浙江省工委、中共宁绍（绍属）特委机关旧址

　　位于嵊州市长乐镇沃基村。1938年2月，中共浙江省工委秘密转移至嵊县太平乡沃基村邢子陶家中；5月，根据中共中央决定，中共浙江临时省委在温州平阳玉青岩成立，省工委被撤销。临时省委成立后不久，中共宁绍特委在邢子陶家中成立。1940年1月，中共宁绍特委分为中共绍属特委和中共宁属特委。在此期间，沃基村一度成为宁绍地区党的领导中心。旧址现

为浙江省文物保护单位。

新四军浙东游击纵队金萧支队成立地纪念馆

位于诸暨市璜山镇黄家店村。1943年12月，中共浙东区委为开展浙赣铁路金华至萧山段两侧的抗日游击战争，决定建立中共金萧地委和金萧支队；12月18日，中共金萧地委成立，杨思一任书记；12月21日，新四军浙东游击纵队金萧支队成立，蔡群帆任支队长，杨思一兼任政委。纪念馆于2021年建成开馆，展示金萧支队的发展历程。

新四军浙东游击纵队金萧支队成立地旧址

中共嵊新奉中心县委、嵊新奉办事处旧址

位于嵊州市金庭镇东林村祠堂。1945年2月，浙东行署委员会决定，将奉西区划入嵊新县，中共浙东区委决定将中共嵊新县委改建为中共嵊（县）新（昌）奉（化）中心县委，县委、办事处和自卫大队领导机关均移驻东林村王氏宗祠。1945年2—9月，这里成为嵊新奉地区抗日斗争的指挥中心。旧址现为嵊州市文物保护单位。

中共嵊新奉中心县委、嵊新奉办事处旧址(王氏宗祠)

浙东人民解放军金萧支队成立地旧址

　　位于诸暨市马剑镇石门村祠堂。1948年9月,中共浙东临委以原会稽山人民抗暴游击司令部等游击队为基础,在石门成立了浙东人民解放军金萧支队,下辖7个大队。1949年1月,该支队改编为浙东人民解放军第二游击纵队第一支队。旧址现为绍兴市党史教育基地、诸暨市爱国主义教育基地。

浙东人民解放军金萧支队成立地旧址(方氏宗祠)

中共浙东临委陈蔡会议旧址

　　位于诸暨市东白湖镇陈蔡村。1949年4月,中共

陈蔡会议召开场景

浙东临委在诸暨陈蔡村召开了第三次临委（扩大）会议，会议根据党的七届二中全会精神，结合浙东的实际，对军事工作、对敌工作、根据地各项建设工作等进行部署。会议的召开对迎接解放军南下、解放浙东城乡，具有十分重要的意义。原址设有陈列馆。

范文澜故居

位于越城区胜利西路500号。范文澜，1893年出生，中国著名历史学家，马克思主义史学开拓者之一，被誉为"新史学宗师"。1917年，毕业于北京大学。

范文澜故居外景

1926年，加入中国共产党。抗日战争全面爆发后，积极参加抗日救亡运动，参与创办《风雨》周刊。一生从事历史研究，著述宏富，有《中国通史简编》《中国近代史》《文心雕龙注》等问世。故居为浙江省党史教育基地、文物保护单位。

胡愈之故居（敕五堂）

位于上虞区丰惠镇百云村敕五堂。胡愈之，1896年出生，著名的社会活动家，新闻出版界少有的全才。早年创建世界语学会，与沈雁冰等成立文学研究会。1922年初，参加中国民权保障同盟，同年，加入中国共产党。1935年后，参加上海文化界抗日救亡运动，为"救国会"发起人之一。中华人民共和国成立后，曾任《光明日报》总编辑、国家出版总署署长、民盟中央主席、全国政协副主席、全国人大常委会副委员长等。故居布展了"胡愈之生平事迹陈列"，现为浙江省文物保护单位。

胡愈之

胡愈之故居

清气盈乾坤　胆剑谱新篇

红色文化是绍兴人民宝贵的物质财富和精神财富，也是推动绍兴发展的强大动力和不竭源泉。绍兴人民在中国共产党领导下，艰苦创业、奋发图强，谱写了千年古城的精彩华章。

中华人民共和国成立后，历届绍兴市委、市政府重视和加强对红色文化的保护、传承、弘扬工作，团结带领全市人民励精图治、奋发有为，经济社会发展走在全国、全省前列，获得首批中国历史文化名城、全国文明城市、中国优秀旅游城市、中国环境保护模范城市、国家卫生城市、中国民营经济最具活力城市、东亚文化之都等荣誉称号。

绍兴目前有红色遗址 180 多处，已开发成红色旅游景区的有 10 处，列入全国红色旅游经典景区 1 处，

迪荡新城

爱国主义教育基地82处，市级以上文物保护单位46处，其中全国重点文物保护单位7处，党史教育基地30处。传承红色精神，彰显时代风采，绍兴人民延续着前辈的光荣，生发出崭新的精神风貌，如越城的"八把山锄创大业"的"上旺精神"，源自柯桥的浙商"四千"精神，上虞的尊重科学、艰苦奋斗、团结拼搏、不折不挠的"围涂精神"，诸暨的热血村落"红色庄余霞"的红色精神等，各具特色，生生不息。

习近平同志在浙江工作期间，28次到绍兴进行调研，对绍兴工作作出了一系列重要指示、批示。绍兴牢记嘱托，充分用好红色文化资源，实施传承红色基因薪火行动，发扬红色传统，赓续精神血脉，汲取奋进力量，厚植越地儿女爱国情怀，努力谱写胆剑精神的新篇章，让红色之声响彻古越大地，让名城绍兴越来越好。

浙江红色文化名片
ZHEJIANG HONGSE WENHUA MINGPIAN

金 华

刘英烈士陵园

百年追望求正道
红色八婺竞风华 ★★★

金华是历史底蕴深厚的国家历史文化名城,也是一方激情燃烧的红色热土。中国共产党创建时期,以陈望道为代表的金华籍先进分子积极传播马克思主义。陈望道在义乌分水塘村译就的《共产党宣言》中文全译本,划破时代夜空,为中国共产党的创建作出了重要贡献。1925年秋,金华地区第一个地方党组织——中共金华支部建立,金华人民革命斗争从此有了坚强的领导。土地革命战争时期,中共浙西特委在金华地区建立,领导浙中、浙西22个县党的工作;随着土地革命的风暴席卷金华各地,浙江境内第一支成建制红军——中国共产党浙武红军游击队在金华建立,红军挺进师也在此留下许多战斗足迹。抗日战争全面爆发后,金华成为浙江省政治、军事、文化中心。金华沦陷后,党领导人民先后建立了第八大队、金萧支队等抗日武装,开辟了金(华)义(乌)浦(江)兰(溪)等抗日根据地,有力打击了日本侵略者。解放战争时期,党组织领导人民,重建革命武装,开展游击战争,有力配合了全国解放战争。金华人民始终追寻革命真理,矢志坚守初心使命,用鲜血和生命铺就了革命底色,并激励后人奋勇前行。

深山燃火种　慷慨赴国难

革命战争年代，金华引领风气之先，撒播革命火种，铺展开一幅壮怀激烈的红色画卷，也留下了弥足珍贵的精神财富。

陈望道翻译《共产党宣言》

《共产党宣言》是马克思主义诞生的标志性著作。1920年2—4月，陈望道在家乡义乌分水塘村自家的柴屋里翻译了《共产党宣言》第一个中文全译本，它成为中国流传最广、影响最大的一部马克思主义经典著作，不仅广泛地宣传了马克思主义，而且为中国共产党的创立作了思想上和理论上的重要准备，影响了当时中国整整一代革命者。"真理的味道非常甜"，在中国共产党人的信仰之路上树起了一座里程碑。

陈望道翻译的《共产党宣言》封面

陈望道翻译《共产党宣言》场景再现

中共金华支部建立

1925年夏,浙江省立第七中学学生千家驹由宣中华介绍,加入中国共产党。同年秋,金华地区第一个地方党组织——中共金华支部在浙江省立第七中学成立,共有党员6人,千家驹任书记。1926年7月,中共金华支部改建为中共金华独立支部,钱兆鹏任书记。党组织的建立使金华人民革命斗争有了坚强的领导力量,揭开了中国共产党领导金华人民进行革命斗争的历史新篇章。

中共金华支部部分成员合影。左起:章驹、千家驹、刘文铭、钱兆鹏

中共浙西特委建立

1928年4月22日,卓兰芳以省委特派员的身份在兰溪女埠镇五龙庙主持召开浙西各县代表会议,会上建立了中共浙西特委,卓兰芳任书记。特委机关设在兰溪城内,领导兰溪、永康、武义、东阳、义乌、浦江、金华、建德、淳安、桐庐、遂昌、衢县(今衢江区)等22个县党的工作。这是金华地区第一个全区性党的领导机构。特委建立后,积极开展各县党组织的恢复与发展工作,其领导的浙西革命武装暴动威震全

中共浙西特委纪念馆

浙。然而，在严重的白色恐怖下，斗争环境极端险恶，中共浙西特委从建立到撤销仅历时8个月，先后有3任书记和5位常委、委员牺牲。

红十三军第三团成立

在农民武装暴动基础上，金华在党的领导下建立了多支红军游击队，有的队伍全盛时超千人，其中武义红军超3000人。1930年7月，由永康、缙云、仙居三地的红军游击队整编而成的红十三军第三团在永康方山口祠堂成立，程仁谟任团长，楼其团任政委。红十三军是当时列入中央军委正式序列的全国14支红军之一。第三团的活动遍及永康、缙云、仙居、东阳等县，先后进行数十次战斗，对金华及周边地区的革命斗争产生深远影响。

红十三军第三团成立地（方山口祠堂）

台湾义勇队

在中共浙江省委的协助下，1939年2月22日，台湾著名爱国志士李友邦在金华城内酒坊巷18号（今酒坊巷84号）组建了台湾义勇队。这是台湾同胞组成的

李友邦　　台湾义勇队部分成员合影

唯一成建制的、在大陆参加抗日的队伍，台湾义勇队内还秘密建立了中共支部。台湾义勇队以抗日救国为己任，主要担负瓦解日军和发挥医疗特长为军民服务等任务。台湾义勇队在金华城内设立医疗所，后扩建为台湾医院，同时创办了《台湾先锋》等刊物，为支持全民族抗战发挥了独特作用。1942年浙赣战役爆发后，台湾义勇队辗转进驻福建龙岩，抗日战争胜利后，返回台湾。

周恩来赴金华视察浙江抗战

1939年3—4月，中共中央革命军事委员会副主席周恩来受中央书记处委托，以国民政府军事委员会政治部副部长的公开身份，来到东南抗日前哨浙江视察抗战。金华是周恩来浙江之行的重要一站。他在金华会见了中共中央东南局及中共闽、浙、赣三省省委的领导人等，传达党的六届六中全会精神，强调要坚持抗战，坚持持久战，坚持抗日民族统一战线。他与黄绍竑等浙江省国民党要员会谈，共商团结抗战。他

周恩来在金华视察抗战时与进步人士合影

在金华双龙洞、省立金华中学礼堂、铁岭头等地与各界人士进行谈话、演讲等活动,开展抗日宣传。周恩来浙江之行,对浙江党的建设和发展抗日民族统一战线起到积极的推动作用。

铁肩担道义　浙中出雄杰

八婺大地,自古人杰地灵。烽火岁月,面对流血牺牲,金华儿女前赴后继,涌现出一批颇具影响力的党史人物,书写了撼人心弦、可歌可泣的历史篇章。

陈望道（1891—1977）

浙江义乌人。1915年初,赴日本留学。1919年回国后,在浙江省立第一师范学校执教,是浙江新文化运动的领军人物之一。1920年2—4月,在家乡义乌分水塘村翻译了《共产党宣言》第一个中文全译本。后应陈独秀之邀赴上海,负责编辑《新青年》杂志,并参与创建中国共产党早期组织,筹备中共一大的召开,

陈望道

是最早的中共党员之一。一大后,任中共上海地委书记。中华人民共和国成立后,长期担任复旦大学校长,曾任全国人大常务委员会委员、政协全国委员会常务委员、民盟中央副主席等。是著名的语言学家、教育家。

施存统(1899—1970)

施存统

又名施复亮,浙江金东人。在浙江省立第一师范学校求学期间,于1919年11月发表《非"孝"》一文,引发"一师风潮"。1920年6月,与陈独秀等在上海发起成立中国共产党早期组织,是最早的中共党员之一。后赴日本,建立旅日共产党早期组织并担任负责人。1922年5月,在中国社会主义青年团一大上当选为团中央书记;7月,出席中共二大。1945年,参与发起成立中国民主建国会。1949年,参加中国人民政治协商会议第一届全体会议的筹备工作。中华人民共和国成立后,曾任劳动部第一副部长、全国人民代表大会常务委员会委员、民建中央副主任委员等。

邵飘萍(1886—1926)

邵飘萍

浙江东阳人。1918年,在北京创办《京报》和北京大学新闻学研究会。面对巴黎和会中国外交的失败,1919年5月3日晚,赴北京大学演讲,号召学生挺身而出、救亡图存,成为五四运动的直接发轫者。在党的创建时期,积极传播马克思主义,撰写《新俄国之研究》和《综合研究各国社会思潮》,是中国先进分子中以专著形式全面系统介绍十月革命及苏维埃俄国的第一人。1925年春,经李大钊、罗章龙介绍,加入中国共产党。1926年4月24日，被奉系军阀以"宣传赤化"的罪名逮捕；4月26日，被害。他一生坚守"新闻救国"初衷，"铁肩担道义，辣手著文章"，被誉为"新闻全才"。毛泽东称赞他是"一个具有热烈理想和优秀品质的人"。

金佛庄（1897—1926）

浙江东阳人。在保定陆军军官学校学习时，加入中国社会主义青年团。1922年秋，转为中国共产党党员，成为浙江省最早的地方党组织——中共杭州小组最初三名成员之一。1923年，列席中共三大。后参与黄埔军校创建，先后担任黄埔军校第一期第三（学生）队队长、教导第二团第三营营长，又任国民革命军第一军第一师第二团党代表和团长、总司令部警卫团少将团长等。在北伐战争顺利进军的形势下，奉命赴孙传芳部策反，因行踪泄露，不幸被捕。1926年12月12日，在南京雨花台牺牲。

金佛庄

钱兆鹏（1907—1927）

浙江金东人。1925年秋，加入中国共产党，是中共金华支部创始成员之一。1926年7月，中共金华独立支部和共青团金华支部建立，钱兆鹏均任书记。同年12月上旬，北伐军到达金华后，金华掀起了反帝驱洋斗争怒潮。他积极组织工会、农会等群众团体，开展工农运动，支援北伐军作战，是大革命时期金华地区革命斗争的主要领导人之一。1927年四一二反革命政变后，被捕；8月4日，牺牲。

钱兆鹏

赵济猛

赵济猛（1904—1928）

浙江东阳人。1924年春，加入中国社会主义青年团。1925年8月，任改组后的团宁波地委书记；10月，转为中国共产党党员。1926年7月，任中共宁波地委书记。1927年，出席中共五大；会后，参与筹建中共浙江省委，任常委兼宣传部主任；7月，兼管省委组织部和秘书处技术工作；6月和10月，两次秘密回东阳，主持创建中共东阳独立支部，传达中共八七会议精神，指导革命工作；11月，因遭叛徒出卖被捕。1928年1月9日，在浙江陆军监狱牺牲。

严汝清

严汝清（1904—1929）

浙江兰溪人。1926年11月，加入中国共产党。曾任中共兰溪从善区委书记、中共建德县委书记、中共浙西特委常委兼秘书。1928年5—8月，任中共浙西特委代理书记、书记；8月中旬，领导兰溪秋收武装暴动；12月，任中共浙江省委候补委员；年底，因遭叛徒出卖在兰溪被捕。1929年6月19日，牺牲。

徐 英（1907—1930）

浙江武义人。1925年冬，加入中国共产党。1927年11月，以省委特派员身份，回家乡武义恢复党组织，主持成立武义县委，任书记。1928年11月，任中共浙江省委常委。1929年1—4月，任中共浙江省委书记；4月省委撤销后，改任中央巡视员，负责巡视浙东、浙南一带党的工作；5月，到宁波恢复与发展党组织；8月，建立中共宁波特支并任书记；12月，在宁波被捕。1930年8月27日，在浙江陆军监狱牺牲。

徐英

胡侠民（1901—1933）

又名胡阿林，浙江东阳人。1926年，加入中国共产党。大革命失败后，去上海从事党的秘密工作，任中共沪西党支部书记、中共曹家渡区委书记。1931年春，调回浙江，任中共杭县县委书记。不久，受中共中央指派到莫斯科步兵学校学习。1932年，回国，被派到中央革命根据地，任红一军团某团政委。1933年冬，任红一军团二师政委，率部参加中央革命根据地第四、第五次反"围剿"作战。1933年12月7日，在大雄关作战中牺牲。

胡侠民

潘漠华（1902—1934）

浙江武义人。1926年，加入中国共产党。为宣平县（今属武义县）第一个中共支部的创建者之一、"湖畔诗社"主要成员、北方左翼作家联盟发起人，曾任北方左联负责人，中共天津市委常委、宣传部部长等，出版了《湖畔》和《春的歌集》等诗集。曾四次被捕入狱，遭受各种酷刑，但始终坚贞不屈。1933年12月，在天津第四次被捕，后在狱中与难友进行了三次绝食斗争。1934年12月，在河北省第一监狱牺牲。

潘漠华

楼其团（1906—1934）

浙江永康人。1928年秋，加入中国共产党。1930年，任永康红军游击队第一、第三中队党代表；7月，红军游击队被编为红十三军第三团，楼其团任团政委；9月，第三团强攻壶镇失利，后部队瓦解，楼其团在缙云、仙居边界坚持斗争，又积极与上海党中央取得联系，为重建中共永康县（今永康市）委做了大量工作。

楼其团

1932 年 8 月，因遭叛徒出卖，在台州被捕。1934 年 12 月，在浙江陆军监狱牺牲。

刘　英（1905—1942）

江西瑞金人。1929 年 4 月，参加中国工农红军；9 月，加入中国共产党，先后任红军连指导员、营政委、团政委、师政委和军团政治部主任等。1935 年 2 月，任中国工农红军挺进师政委；3 月，与粟裕率部进入浙江，领导开展游击战争，创建游击根据地，先后任中共闽浙边临时省委书记、闽浙边临时省军区政委等。抗日战争全面爆发后，先后任中共浙江临时省委书记、中共浙江省委书记。1939 年 7 月，主持召开中共浙江省第一次代表大会，会上当选省委书记和中共七大代表。1941 年 5 月后，任中共中央华中局委员、华中局特派员等。1942 年 2 月 8 日，因遭叛徒出卖，被国民党逮捕；5 月 18 日，在永康方岩牺牲。

刘英

刘英烈士陵园纪念馆

张贵卿（1908—1942）

原名高一飞，北京人。1933 年初，参加中国共产主义青年团。同年，转为中国共产党党员。1934年11月，与妻子、女儿一同被捕。三人受尽严刑拷打，女儿甚至被折磨致死，但他仍坚贞不屈。抗日战争全面爆发后，获释，开始协助中共浙江省临时工委工作。1937年12月，在金华指导组建中共浙南特别工作委员会。后任中共处（州）属特委组织部部长、中共台（州）属特委常委兼组织部部长、中共衢（州）属特委书记等。1942年3月27日，因遭叛徒出卖被捕；5月18日，与刘英一起在永康方岩牺牲。

张贵卿

雷 烨（1914—1943）

原名项俊文，浙江金东人。抗日战争全面爆发后奔赴延安，于1938年加入中国共产党。因擅长文学创作和摄影，赴抗日前线任战地记者，用相机真实记录了潘家峪惨案等日军暴行。后任八路军晋察冀军区冀东军分区政治部组织科科长。1943年4月20日，在平山县遭遇日军"扫荡"，为掩护警卫员突围而牺牲。2014年，入选民政部公布的第一批300名著名抗日英烈和英雄群体名录。

雷烨

陈 洪（1906—1943）

浙江浦江人。1924年，参加中国社会主义青年团。1925年，转为中国共产党党员。先后参与领导宁波工人运动和上海工人第三次武装起义。后曾两次被捕。1937年获释后，到延安。1938年，到新四军军部教导总队五队任指导员，随陈毅挺进江南，任中共茅山特委书记。1943年春，调浙东抗日根据地任中共四明地委书记；9月，兼任四明自卫总队政委，为浙东抗日根

陈洪

据地的建设和巩固作出了重要贡献；11 月 26 日，在浙东抗日根据地第二次反顽自卫战中牺牲。

旌旗遍城乡　精神长流传

每个时代都会留下独特的印迹。新民主主义革命时期，一个个感天动地的故事，凝结在丰富的红色遗址遗迹、红色文物中，凝聚成历久弥新的革命精神，成为金华人民坚定理想信仰、赓续红色血脉的动力源泉。

张新锦烈士墓

张新锦烈士墓

位于浦江县岩头镇和祥山村。张新锦，1899 年出生。五四运动爆发后，在金华组织抗日救国会，声援北京。1923 年，加入中国共产党。1925 年 10 月，任共青团杭州地委书记。1926 年 7 月，任国民革命军东路军政治部宣传科科长。1927 年 6 月，因遭叛徒出卖，在金华被捕；8 月 4 日，牺牲。烈士墓现为金华市爱国主义教育基地。

中共宣平独立支部、宣平县委成立地旧址

中共宣平独立支部、宣平县委成立地旧址

位于武义县柳城畲族镇东街 26 号。1927 年 8 月，中共党员曾志达受中共浙江省委指派，回原籍宣平创建党组织，在城内东街协盛酱园（今东街 26 号）成立中共宣平独立支部，隶属中共武义临时县委领导。同年 10 月，中共宣平独立支部改建为中共宣平县委，曾志达任书记。

中共永康首届县委成立地旧址

位于永康市芝英镇练结村。1927 年 10 月中旬，中共浙江省委浙西特派员姜挺到永康传达八七会议精神，并在当时作为练结小学校舍的章氏宗祠内主持召开会议。会议选举产生中共永康首届县委，叶岩襄任书记。旧址现为金华市党史教育基地。

中共永康首届县委成立地旧址（章氏宗祠）

邵李青烈士故居

位于武义县白洋街道上邵村。邵李青，1900 年出生。1926 年，加入中国共产党。1927 年 11 月，任中共武

邵李青烈士故居

义县委书记。1928年8月4日,指挥打响武义农民暴动第一枪,后又参与组织永武秋收联合暴动。1930年3月,领导成立中国共产党浙武红军游击队,任党代表兼副总指挥。1930年9月,在上海被捕;10月2日,牺牲。故居现为武义县文物保护单位。

卢湛故居

位于磐安县仁川镇方山村。卢湛,1905年出生。1928年1月,加入中国共产党。1929年12月,任中共缙云县委书记,并任在仁川成立的浙西工农革命军第三支队政委,组织和指挥黄余田农民暴动。1930年7月,率部加入红十三军第三团;11月,被捕牺牲。

曾志达烈士故居

位于武义县桃溪镇后溪村。曾志达,1906年出生。1927年7月,加入中国共产党;10月,任中共宣平县委书记。1930年,回乡组建宣平红军,任总指挥。1931年1月,遵照党中央的指示,组建中共兰溪中心县委,任书记;12月14日,在上海被捕。1932年4月,在杭州牺牲。故居现为武义县文物保护单位。

卢湛故居

曾志达烈士故居

黄文玉烈士墓

黄文玉烈士墓

位于东阳市南市街道前新屋村。黄文玉，1897年出生。1927年，加入中国共产党。不久，在家乡发起成立农民协会，建立村党支部。历任村党支部书记、中共南马区委委员、中共东阳县（今东阳市）工委书记等。1933年秋，任中共东阳中心县委书记。1935年10月10日，因遭叛徒出卖被捕；10月29日，在东阳县城牺牲。

中共宣遂汤工委旧址

中国工农红军挺进师中共宣遂汤工委纪念馆

位于武义县桃溪镇红四村。中国工农红军挺进师于 1935 年 5 月进入金华地区开展游击斗争。1937 年，为加强宣平、遂昌、汤溪边区游击根据地建设，中共闽浙边临时省委组织部部长、挺进师师长粟裕决定成立中共宣遂汤工委，赖德标任书记，隶属中共闽浙边临时省委领导。旧址现建有纪念馆，为金华市党史教育基地。

中共浦江县委成立旧址

位于浦江县岩头镇山垄王店自然村。1938 年 11 月，中共浦江区工委成立，马丁任书记。1939 年 9 月，中共浦江区工委改建为中共浦江县工委，蒋忠任书记。1940 年初夏，中共浦江县工委在山垄王店村召开支部负责人会议，成立中共浦江县委，蒋忠任书记。旧址现为金华市爱国主义教育基地、党史教育基地。

中共东阳县第一次代表大会旧址

位于东阳市六石街道裘家岭村。1939 年 3 月 14 日，中共东阳县委根据省委指示，在裘家岭村后山山洞中

中共浦江县委成立旧址

中共东阳县第一次代表大会旧址（小石婆洞）

召开了中共东阳县第一次代表大会。大会总结了抗日战争全面爆发以来县委的工作经验，明确了工作任务，确定了新的县委领导班子，选举了出席金衢特区党代会的代表。会址现为金华市党史教育基地。

中共中央东南局永康联络站旧址

位于永康市西城街道上大雅巷40号，原为吕公望故居。吕公望早期参加辛亥革命，曾应孙中山之邀出任护法军援闽浙军总司令，抗日战争全面爆发后回家乡永康创办难民工厂。因为吕公望的特殊地位，1940年9月，中共中央东南局决定将联络站建在他家。1942年后，因形势恶化，联络站终止工作。旧址现为永康市文物保护单位。

中共中央东南局永康联络站旧址（吕公望故居）

中共中央东南局兰溪联络站旧址

位于兰溪市云山街道和平社区和平公园内。1940年12月上旬，中共中央东南局先后派联络员涂峰和政治交通员钟平到兰溪筹建联络站。中共浙江省委常委、宣传部部长汪光焕和中共金属特委书记王明扬专程到

中共中央东南局兰溪联络站旧址（宁波会馆）

兰溪，并选定宁波会馆（四明公所）为联络站站址。1941年1月起，中共中央东南局兰溪联络站先后掩护中共中央东南局副书记饶漱石、新四军军部财经部副部长骆耕漠等人在联络站秘密居住，并将他们安全转移；7月，联络站终止工作。旧址现为兰溪市文物保护单位。

金义浦办事处、金义浦兰总办事处旧址

位于义乌市上溪镇溪华村。1942年7月，钱南军别动队第一支队第八大队（简称"第八大队"）建立后，中共义乌县委决定成立抗日民主政权。1943年8月，成立金东义西自卫委员会办事处和金东义西经济委员会办事处。1944年8月，成立金（华）义（乌）

金义浦办事处、金义浦兰总办事处旧址

浦（江）办事处，吴山民任主任。1945年6月，由于根据地范围扩大至兰溪县（今兰溪市），金义浦办事处改称金义浦兰总办事处，王平夷任主任。

坚勇大队成立地旧址

位于义乌市大陈镇溪后村。1943年8月初，中共金属地区特派员抽调第八大队二中队60余人组建抗日武装；8月21日，这支队伍对义乌楂林镇伪军据点发起突然攻击，俘敌分队长以下全部20多人。队伍顺势在溪后村打出"坚勇大队"的旗号。坚勇大队的创建

坚勇大队成立地旧址（楼氏宗祠）

为开辟以义乌大陈镇为中心的诸（暨）义（乌）东（阳）抗日根据地奠定了基础。旧址内现有诸义东抗日根据地纪念展陈。

中共金萧地委成立地旧址

中共金萧地委成立地旧址

位于义乌市大陈镇大畈村。1943年12月18日，根据中共浙东区委的决定，中共金萧地委在大畈村成立，杨思一任书记；12月21日，新四军浙东游击纵队金萧支队在诸暨黄家店成立，蔡群帆任支队长，杨思一兼任政委。在中共金萧地委领导下，广大人民积极开展对日伪的武装斗争，金萧抗日根据地成为浙东抗日根据地的重要组成部分。旧址现建有中共金萧地委成立纪念碑、纪念亭及革命烈士陵园。

浙东人民解放军第六支队成立地旧址

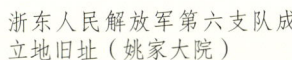

浙东人民解放军第六支队成立地旧址（姚家大院）

位于永康市象珠镇郎川村。1948年6月4日，浙东人民解放军第六支队（简称"六支队"）在郎下村建立，应飞任支队长，卜明任政委。至永康解放前夕，六支

队主力发展到 800 余人，经历了大小战斗 60 余次，成功开辟了浙东游击根据地的重要组成部分——路南游击根据地。旧址现为金华市党史教育基地。

李立卓、李立倚烈士墓

位于永康市古山镇前黄村。李立卓，1892 年出生。1926 年，加入中国共产党。1928 年冬，任中共义和区委书记。1929 年 12 月，任中共永康中心县委书记，为永康党组织的发展和红十三军第三团的创建作出重要贡献。1930 年 8 月 28 日，牺牲。李立倚，1904 年出生。1926 年，随兄李立卓投身革命。翌年，加入中国共产党。曾任中共永康工委书记。1948 年 8 月 31 日，在战斗中牺牲。烈士墓现为永康市文物保护单位。

李立卓、李立倚烈士墓

中共江东县工委、江东县政府成立地旧址

位于浦江县花桥乡塘波村。1948 年 6 月 21 日，中共江东县工委、江东县政府在塘波村陈氏宗祠成立，蒋明达任县工委书记。县工委、县政府在这里一直坚持到 1949 年 5 月浦江解放。旧址现为金华市爱国主义

教育基地、党史教育基地。

中共江东县工委、江东县政府成立地旧址

冯雪峰故居

位于义乌市赤岸镇神坛村。冯雪峰，1903年出生。1921年，考入浙江省立第一师范学校。1922年，组织"湖畔诗社"。1927年，加入中国共产党。后任左联党团书记、中共上海中央局文化工委书记等。1933年，到中央革命根据地。次年10月，参加长征，是参加过红军长征的著名作家之一。1936年4月，以中央特派员的身份到上海开展工作。1937年，回家乡创作反映长

冯雪峰故居

征的长篇小说《卢代之死》。1941年2月，遭国民党逮捕，囚于上饶集中营。出狱后，从事统战和文化工作。中华人民共和国成立后，曾任人民文学出版社社长兼总编，中国作家协会党组书记、副主席等。故居现为浙江省党史教育基地、文物保护单位。

吴晗故居

位于义乌市上溪镇苦竹塘村。吴晗，1909年出生。曾任云南大学、西南联合大学、清华大学教授。1957年，加入中国共产党。中华人民共和国成立后，历任北京市副市长、民盟中央副主席、中国科学院哲学社会科学部学部委员等。是明史研究专家，有《朱元璋传》《读史札记》等著述多部。故居现为浙江省党史教育基地、文物保护单位。

吴晗故居

艾青故居

位于金东区傅村镇畈田蒋村。艾青，原名蒋正涵，1910年出生。中国现代诗代表诗人之一，有"人民的诗人"之誉。1934年5月，发表著名长诗《大堰河——

我的保姆》。1941年，赴延安。1945年，加入中国共产党。1979年后，历任中国作家协会副主席、国际笔会中心副会长等。1985年，获法国文学艺术最高勋章。故居现为浙江省文物保护单位。

艾青故居

赓续真理味　筑梦都市区

时代发展滚滚向前、日新月异，红色精神永不过时、历久弥新。金华立足《共产党宣言》中文全译本首译地政治优势，坚持以史铸魂、以史育人、以史聚力，全力打造"真理味道、信仰之源"政治高地，激发奋进新征程、建功新时代的不竭动力。

1978年党的十一届三中全会召开后，敢闯敢试的金华人再次踏上改革潮头，创造了一个个"无中生有、点石成金"的时代传奇，闯出一条符合金华特色的内陆城市开放发展之路。习近平同志在浙江工作期间，14次到金华调研，为金华改革发展指明方向。金华是浙江省重点打造的第四大都市区、国家综合交通枢纽城市和物流枢纽承载城市，荣膺全国文明城市、国家

醉美金华

创新型城市、中国优秀旅游城市等称号。进入新世纪特别是新时代以来，金华坚定不移地沿着习近平总书记指引的路子，坚持以"八八战略"为总纲，完整准确全面贯彻新发展理念，高质量建设共同富裕现代化都市区，推动经济、政治、文化、社会、生态文明建设取得长足发展，八婺大地发生了翻天覆地的变化。

全市现有新民主主义革命时期革命遗址遗迹和纪念场馆246处。金华创新开展革命遗址、革命文物保护利用工作：开展红色资源保护利用立法；成立红色基地联盟，通过建设"红色文化长廊"，串点成线、化零为整，推出四大主题35条红色文旅线路，开通"真理号"红色专列；搭建红色课程、红色体验等研学体系，打造"行走的党史课堂"；建立和完善党史学习教育常态长效机制，打造党史宣传品牌，创作红色

文艺精品,生动讲好百年党史故事,让党的历史可触可感、可学可及,并将其内化为敢于斗争、敢于胜利的精神气质。

新时代、新金华、新征程。金华将以传承红色基因,赓续精神血脉的政治自觉、思想自觉和历史自觉,守初心、担使命,聚焦聚力"打造国际枢纽城、奋进现代都市区",为深入贯彻"八八战略",以"两个先行"打造"重要窗口",奋力谱写中国式现代化浙江篇章贡献金华力量。

浙江红色文化名片
ZHEJIANG
HONGSE WENHUA
MINGPIAN

衢 州

华岗纪念馆

瀫水苍茫连曙色
三衢大地驾长风 ★★★

衢州是国家历史文化名城，也是一方具有光荣革命传统的红色热土。1919年五四运动爆发后，一批在北京求学和任教的衢籍优秀青年参加了在天安门广场举行的集会和示威游行，衢州各校师生和各界群众也纷纷声援北京学生爱国运动。一些进步青年回到衢州，组织进步学社，研究马克思主义著作，探索救国救民的真理，走上革命道路。

1927年1月，中共衢县支部建立，揭开了党领导衢州人民革命斗争的序幕。在国共合作和北伐军胜利进军的形势下，中共衢州地方组织领导人民开展轰轰烈烈的大革命运动，有力支援了北伐战争。1931年，赣东北革命推进到衢州，衢州革命斗争自此与闽、浙、赣、皖四省边境地区革命斗争紧密相连，武装斗争、苏维埃运动如火如荼。在此前后，中国工农红军北上抗日先遣队、红军挺进师转战衢州，新四军第一、第二、第三支队在开化集结组编，谱写了衢州革命斗争的壮丽篇章。解放战争时期，面对国民党的白色恐怖，衢州的共产党人不屈不挠，坚持斗争。1948年10月，建立中共闽浙赣省委城工部衢州中心支部，领导开展衢州城市地下斗争。1949年4月,江文焕、林维雁等六烈士血洒黎明,展现了共产党人大无畏的英雄气概。

云涌钱江源　旌旗舞浙西

在大地凝寒、乌云笼罩的年代,一批批共产党人在衢州前赴后继、浴血奋战,留下了一幅幅令人难忘的历史画卷。

中共衢县支部成立

1926年12月中旬,中共党员张寅仲、吕雄等以国民党浙江省党部特派员、农工指导员的身份,到衢州帮助建党。1927年1月下旬,衢州地区第一个共产党地方组织——中共衢县支部在衢州城内县学圣庙秘密成立,吕雄任支部书记;2月,中共衢县支部改建为中共衢州独立支部,活动场所设在衢城棋杆巷6号;4月,中共衢州独立支部已建立衢县临时县党部支部、衢县裁缝工会支部等9个下属支部,有共产党员63名。

中共衢县支部旧址

红十军在浙西的斗争

1931年2月25日,红十军在消灭了驻江西德兴暖水的国民党五十五师1个营后,乘胜进军浙江开化;3月1日拂晓,攻克华埠镇,召开群众大会,宣传中国共产党的政治主张。1932年4月16日,红十军在军长周建屏率领下,再次攻克华埠镇。由于国民党发动对赣东北根据地的第四次"围剿",为粉碎敌人军事进攻,红十军再次出击浙西,从1932年9月至1933年1月,先后三次攻克常山县球川镇。红十军在开化、常山的

华埠旧照

军事行动，鼓舞了浙西人民的革命斗志。

红色贸易路线开辟

1930年冬起，为切断赣东北根据地与中央根据地的联系，蒋介石调集重兵，连续对赣东北根据地进行军事"围剿"和经济封锁，使得根据地物资供应极其困难。中共赣东北省委设法建立秘密的贸易通道，从国民党统治区输入根据地急需的物资，先后领导开辟了从江西德兴暖水到开化华埠、皖南屯溪，江西玉山岭头山到开化华埠、常山球川，江西广丰大峰口到江山廿八都等多条红色贸易路线。红色贸易路线成为中央根据地重要的战略物资输送通道，为粉碎国民党军对根据地的"围剿"作出了重大贡献。

红色贸易路线示意图

中共浙皖特委建立

1935年5月初，中共开（化）婺（源）休（宁）中心县委在开化县长虹乡库坑村建立。1936年8月13日，根据中共皖浙赣省委决定，中共开婺休中心县委迁至开化何田乡福岭山，改建为中共浙皖特委，赵礼生任书记，邱老金任常委。中共浙皖特委下辖中共婺德中心县委、衢遂寿中心县委、休宁（龙头）县委、婺源中心区委（县级）、开化县委。其中中共开化县委下辖 80 多个党支部，有 400 多名党员。中共浙皖特委是衢州地区建立的第一个地级党组织。

福岭山中共浙皖特委陈列室

开辟千里岗游击区

1936 年 8 月，为贯彻中共皖浙赣省委关于"开展广泛的游击战争"的指示精神，中共浙皖特委在开化东北部的舜山召开会议，组建开（化）常（山）衢（县）遂（安）寿（昌）武装工作团，开赴五县边境的千里岗山区。随着武装工作团的到来，当地革命形势迅速发展。同月，中共西源区委在常山县西源建立，下辖 11 个支部；衢县、遂安、寿昌三县边境建立了游击区。1936 年 9 月 20 日，赵礼生、邱老金率红军独立营一部，在武装工作团的配合下，奔袭衢县北部的上方镇，火烧公安分局，有力打击了国民党地方反动势力；10 月，中共衢（县）遂（安）寿（昌）中心县委在遂安县白马乡横源田村建立，下辖 6 个区委。至此，东西长 100

红色千里岗革命纪念馆

千米、南北宽 50 千米的千里岗游击区正式建立。

红军北上抗日先遣队激战大陈

1934 年 9 月 15 日,红军北上抗日先遣队从江山县清湖镇渡过江山港北上,于上午 10 时到达大陈,军团部设在大陈。根据中央军委指示,先遣队派出一支小分队去炸毁航头铁路桥。炸桥后,小分队返回大陈,

红军北上抗日先遣队大陈纪念馆

归途中，遇国民党浙江保安第四团、第六团、补充旅各一个营正向大陈推进。红军为掩护炸桥小分队，主动出击，在大陈与国民党军发生激烈的战斗，持续时间达 8 个小时。此战是红军北上抗日先遣队在浙江最激烈的战斗之一。

中共闽浙赣省委机关在开化

1935 年下半年，中共闽浙赣省委所在地闽浙赣根据地遭国民党军残酷"清剿"；7 月下旬，中共闽浙赣省委书记关英率省委一部分人员，从婺源三十里岗转战至开化长虹乡库坑村一带，与中共开婺休中心县委书记赵礼生会合，并在库坑建立中共闽浙赣省委机关。中共闽浙赣省委在开化期间，以开化为中心，直接领导和指挥中共开婺休中心县委及游击队开展革命斗争。至 1936 年 3 月，中共开婺休中心县委建立了库坑、福岭等 7 个下辖中心区委，发展壮大了开婺休中心县游击大队，建立了乡村贫农团、妇女会、儿童团等群众组织及省委秘密交通站。

新四军在开化集结

抗日战争全面爆发后，国共就南方八省十四个地区的红军游击队改编为"国民革命军陆军新编第四军"（简称"新四军"）达成协议。1938 年 1 月 6 日，项英等率新四军军部工作人员由汉口抵南昌，与陈毅会合，着手进行南方红军游击队集结组编工作。根据新四军军部的指示，新四军 3 个支队于开化集中，进行整编。1938 年 2—4 月，来自湘鄂赣边、闽北、闽东、闽赣边、闽西南、浙南、湘赣边、粤赣边、皖浙赣边的红军游

新四军开化华埠集结地

击队员 7000 余人在开化集结,组编为新四军第一、第二、第三支队。在开化的组编,为新四军奔赴抗日前线打下了坚实的组织基础,具有重要的历史意义。

忠烈写春秋　浩气贯古今

人固有一死,但为革命事业牺牲的先烈们,他们的音容笑貌却长存于三衢大地的青山绿水间,他们留下的浩然正气永不磨灭。

关　英(1909—1938)

江苏无锡人。1930 年,加入中国共产党,曾在上海领导纱厂工人罢工。1931 年 7 月,受中共中央委派调赣东北根据地工作,曾任中共赣东北省委常委、共青团闽浙赣省委书记、中共闽浙赣省委组织部部长、中华苏维埃共和国第二届中央执行委员会委员。主力红军长征后，关英留在闽浙赣根据地坚持斗争，先后任中共闽浙赣省委书记、中共皖浙赣省委书记。1935年7月下旬，率闽浙赣省委机关部分人员到开化库坑村，建立中共闽浙赣省委秘密机关。1936年7月8日，率皖浙赣独立团和游击队攻克开化县城。抗日战争全面爆发后，于1938年4月受命上磨盘山劝说杨文翰率部下山整编为新四军，不幸被当成叛徒遭错杀。

关英

赵礼生（1907—1937）

江西贵溪人。1929年，参加革命。1930年，加入中国共产党；3月，调中共赣东北省委保卫局工作。1934年夏，奉派到浙西开化发展游击武装，建立党组织。历任中共开婺休中心县委书记、中共皖浙赣省委委员、中共浙皖特委书记兼军分区政委、中共开化县委书记、县苏维埃政府主席。1936年7月，率游击队配合皖浙赣红军独立团攻克开化县城。1937年10月，在开化长虹乡被捕；12月22日，在县城东郊牺牲。

赵礼生

邱老金（1894—1937）

浙江开化人。1933年，参加革命。1934年秋，加入中国共产党。1935年5月，任中共开婺休中心县委常委兼开婺休游击大队队长。1936年7月，率部配合皖浙赣红军独立团攻克开化县城；8月，中共开婺休中心县委改为中共浙皖特委后，任中共浙皖特委常委、浙皖军分区司令等。1937年9月，在开化中村石灰岭被国民党军逮捕；12月7日，在开化县城东郊牺牲。

邱老金

先贤存遗迹　感奋后来人

衢州有 5 个县（市、区）被中宣部、财政部、文化和旅游部、国家文物局联合确定为全国首批革命文物保护利用片区分县，红色遗迹已经成为衢州开展爱国主义和革命传统教育、弘扬培育民族精神的宝贵资源。

江文焕故居

江文焕故居内景

位于衢江区双桥乡江家自然村。江文焕，又名江涵，1919 年出生，衢县人。早年就读于浙江省立衢州中学。1943 年夏，考入昆明西南联大外文系。抗日战争胜利后，随校转入北京大学就读。在大学读书时，深受民主精神熏陶，积极参加反对国民党内战、独裁、卖国政策的斗争。1947 年 11 月，加入中国共产党，先后任中共江山县中支部书记、中共衢州中心支部书记，领导开展衢州城区地下斗争。1949 年 1 月 23 日，被国民党衢州绥靖公署逮捕；4 月中旬，牺牲于衢城东门外。故居现为衢州市文物保护单位。

华岗故居

位于龙游县庙下村下街 47—49 号。华岗，又名延年、西园，1903 年出生，龙游人。早年就读于浙江省立第八师范学校。1925 年 5 月，加入中国共产党，曾任共青团南京地委书记、共青团浙江省委书记等。1928 年，出席在莫斯科召开的中共六大，回国后任团中央宣传部部长。抗日战争时期，曾任中共湖北省委宣传部部长、南方局宣传部部长、《新华日报》总编辑等。中华人民共和国建立后，任山东大学校长兼党

1946年10月,华岗(前排左五)在上海参加国共两党及第三方代表谈判

委书记等。他是中国共产党成立后首个《共产党宣言》中文全译本的翻译者,第一次译出了"全世界无产阶级联合起来"这一震撼人心的口号。著有《一九二五——一九二七中国大革命史》《中华民族解放运动史》《辩证唯物论大纲》《政党论》等几百万字的论著。故居现为衢州市党史教育基地。

中共江浦县委旧址

位于江山市张村乡双溪口村红岩顶。1935年3月,粟裕、刘英率领的中国工农红军挺进师进入江山,随

中共江(山)浦(城)县委旧址

后在浙江江山、龙泉、遂昌、松阳和福建浦城五县间建立了浙西南游击根据地。1936年9月,中共浙西南特委决定成立中共江(山)浦(城)县委,宣恩金任书记,县委机关设在张村乡双溪口村红岩顶。旧址现为衢州市党史教育基地。

中共常开工委成立地旧址

位于常山县崇正乡(今属球川镇)上安小学旧址内。1940年7月,中共浙江省委将金衢特委分开,建立中共衢属工委。为了加强常山、开化两县党组织的领导力量,1940年8月,中共衢属工委宣布成立中共常开工委,陈英任工委书记,下辖中共常山城区支部、中共开化华埠支部、中共常山东山支部3个支部。工委通过举办农民读书会等方式,宣传抗日。

中共常开工委成立地旧址(上安小学)

舜山会议旧址

位于开化县林山乡舜山村詹氏宗祠。1936年7月7日,皖浙赣红军独立团和开婺休游击大队攻克开化县城；8 月，赵礼生和邱老金带领游击大队至舜山大山村，召开红军各游击队和地方干部参加的中共浙皖特委地方干部工作会议。会议决定组建开常衢遂寿边区工作团和游击队，到千里岗山区开辟新的游击区。旧址现为开化县党史教育基地。

舜山会议旧址（詹氏宗祠）

中共油溪口支部旧址

位于开化县池淮镇油川村。1931 年初，中共德兴县（今德兴市）委派党员来开化张家湾、油溪口等地开展建党工作和开辟红色贸易路线。他们先后发展了傅家富等 5 人加入中国共产党。同年 9 月，中共油溪口支部成立，傅家富任支部书记。这是开化县第一个党支部，点燃了开化革命斗争的星星之火。旧址现为浙江省党史教育基地。

中共油溪口支部陈列馆

新四军第一支队司令部驻地旧址

位于开化县城政义坊 21 号。1938 年 2 月中旬，陈毅率新四军军部机要人员和战地服务团队员 20 余人到开化，驻此地。陈毅先与国民党开化县政府县长罗兴

新四军第一支队司令部驻地(新四军集结组编)旧址

华进行交涉,要求为即将到开化集结的新四军各部队准备粮秣、物资,又赴华埠镇与镇长商议筹措军饷和粮秣等事宜。旧址现为浙江省文物保护单位、党史教育基地。

开化一区苏维埃政府旧址

位于开化县杨林镇下庄村小关自然村。1932年3月,中共开化特别支部在白沙关建立;4月下旬,中共开化特别支部升格为开化一区区委,同时在小关建立区苏维埃政府,下辖3个乡苏维埃政权、17个村苏维

开化一区苏维埃政府旧址陈列室

埃政权。区苏维埃政府领导建立贫农团、妇女会等革命组织，开展打土豪分田地和平债、废租、抗税等斗争。旧址现为浙江省党史教育基地。

不忘当年志　征程追梦行

中华人民共和国成立后，历届衢州市委接续传承革命先烈精神、弘扬革命文化。全市现有中共衢遂寿中心县委第二区委旧址、东明湖红色景区、中共闽浙赣省委旧址、中共开婺休中心县委旧址、新四军第一支队司令部驻地旧址等革命遗址 188 处。三衢大地一代代英雄模范人物不断涌现，他们在黄坛口大坝、湖南镇大坝、铜山源水库、乌溪江引水工程的建设中孕育出闻名省内外的"铜山源精神"和"乌引精神"。

衢州市文化艺术中心

改革开放以来,衢州人民艰苦创业,奋发图强,特色竞争,谱写了千年古城的崭新篇章。衢州先后获得全国文明城市、国家园林城市、国家优秀旅游城市等荣誉称号。

2020年5月,衢州牵头搭建红色资源合作平台,成立浙赣闽皖四省边际纪念馆红色联盟,浙西革命斗争纪念馆、常山县西源革命纪念馆、龙游县革命烈士事迹陈列馆、方志敏纪念馆、闽北革命历史纪念馆、中共皖南特委旧址纪念馆成为联盟首批成员单位。同时,衢州活化华岗纪念馆、清漾毛氏文化村、球川红色纪念馆、箬溪抗战纪念馆、中共油溪口支部旧址、开化一区苏维埃政府旧址等红色场馆,开展红色旅游;利用中共衢县支部旧址、侵华日军细菌战衢州展览馆、衢州府山人民英雄纪念碑及七里杨坞烈士陵园等红色阵地,开展"革命信仰"主题教育;衢州一中将"六烈士"的故事搬进校史馆,开展革命传统教育。

红色文化是衢州人民宝贵的历史遗产和精神财富,也是推动衢州发展的强大动力和不竭源泉。进入新时代,衢州人民将牢记习近平总书记的殷殷嘱托,发扬红色传统、传承红色基因,用好红色资源、赓续精神血脉,围绕打造四省边际现代产业、人才科创等十个"桥头堡",建设四省边际中心城市,努力谱写中国式现代化衢州实践的精彩篇章。

浙江红色文化名片

ZHEJIANG HONGSE WENHUA MINGPIAN

舟 山

东海游击总队纪念馆

东海激荡革命潮
千岛之城展新颜 ★★★

舟山是一座历史文化名城,更是一座英雄城市。1926年,中共定海独立支部成立,舟山人民的革命事业从此有了坚强的领导。抗日战争时期,舟山地区党组织率先组建抗日武装,开展海岛敌后游击战争。解放战争时期,党领导的东海游击总队、舟山支队驰骋海山,沉重打击了国民党反动统治。人民解放军第三野战军于1950年5月取得舟山战役的胜利。在长期的革命征程中,舟山军民用热血和生命浇灌了群岛,红色基因已深深铭刻在人们心中,凝聚起勇立潮头、走在前列的强大精神力量。

英风彻海天　红旗逐浪高

翻开历史画卷,革命战争年代的千岛大地风起云涌,舟山人民在中国共产党的领导下前赴后继、奋起抗争,掀起了波澜壮阔的革命浪潮。

中共定海独立支部成立

1925年,定海女子小学接待中共江浙区委的林仲丹、李求实来校治病养伤。他们在学校进行共产主义启蒙教育。1926年,中共宁波地委书记赵济猛到校指导建党工作;12月,中共定海独立支部在定海女子小学成立,有党员8人,这是舟山地区最早的中共组织。中共定海独立支部领导了定海的工人运动和岱山、衢山地区的盐民运动。

中共定海独立支部成立地旧址(定海女子小学)

定海东区抗日游击根据地建立

1939年6月23日,日军占领舟山。中共定海县(今定海区)工委先后组建吴榭乡自卫队、东区警察队、定海抗日自卫团等抗日武装,开展敌后游击战,建立以黄杨尖山为中心的定海东区抗日游击根据地。

大鱼山战斗

因中共浙东区委、新四军浙东游击纵队决定开辟海上抗日根据地,海防大队奉命行动。1944年8月20日,海防大队一中队76名队员,在副大队长陈铁康、中队

定海东区抗日游击根据地现貌

大鱼山战斗烈士纪念碑

指导员严洪珠率领下,从慈溪古窑浦赴舟山;8月25日,他们在大鱼山活动时,突遭500余名日伪军进攻。在孤立无援的情况下,他们与装备精良、有飞机和军舰掩护的日伪军浴血奋战7个小时,毙伤敌百余名,43名指战员壮烈牺牲,33名指战员在当地群众掩护下归队。大鱼山战斗被誉为"海上狼牙山"之战。

东海游击总队建立

1947年9月,中共浙东工委委员王起到舟山,在岱山召开中共三东工委(扩大)会议,传达中共浙东工委对三东地区开展武装斗争的决定。1948年4月,中共浙东工委领导的东海游击总队成立,王起兼政委。东海游击总队先后进行了普陀山、油岭、弄堂岭、黄沙等战斗。同年8月,东海游击总队280余人在南征台属地区途经六横岛时,被国民党军衢州绥靖公署主任汤恩伯率重兵包围。东海游击总队指战员不畏强敌,浴血奋战,但损失惨重。余部撤到浙东游击根据地。

东海游击总队纪念馆

解放舟山战役

1949年春夏,国民党军6万余人窜踞舟山,企图对沪杭甬地区实行海上封锁,并屏障台湾。解放军第三野战军根据中央军委的命令,决定由第二十二军及第二十一军六十一师担负渡海作战解放舟山群岛任务。同年8月18日开始,我军先后解放大榭、梅山、金塘、六横、虾峙、桃花等30多个岛屿,逐步形成对舟山本岛的包围;11月3日,六十一师发起登步战役受挫。1950年4月,第三野战军决定增派4个军和海军、空军、炮兵部队参战,组成南北两个集团,分由第七、第九兵团指挥;5月13日,国民党军开始撤逃台湾;5月16—19日,解放军解放舟山本岛、岱山等岛;7月10日,解放军淞沪警备部队解放嵊泗列岛。解放舟山战役共歼国民党军8900余人,缴获炮83门、枪支3209支(挺)、电台16部、汽车22辆,击毁、击伤军

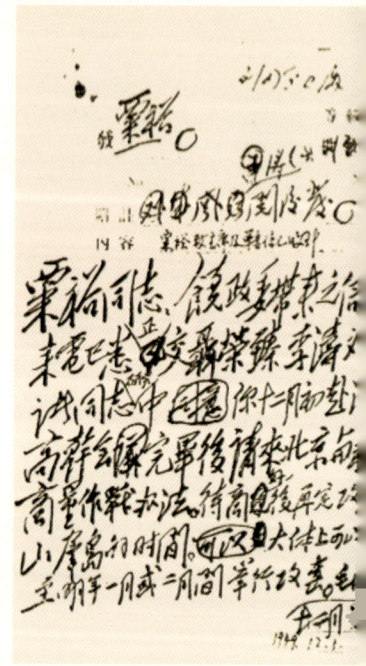

毛泽东关于解放舟山给粟裕的电报

舰各一艘。解放军伤亡近 2000 人。

弄潮儿女在　万里赴征途

革命战争年代，舟山一大批英雄儿女为民族独立、人民解放献出了自己的生命，谱写了一曲曲气贯山河的壮歌。他们永远值得铭记。

金维映（1904—1941）

金维映

浙江岱山人。原名爱卿，又名志成。1926 年 11 月，加入中国共产党；次月，成为刚成立的中共定海独立支部负责人，领导了定海的工人运动和岱山的盐民运动。大革命失败后，转移到上海，后任中共江苏省委妇委书记。1931 年春，进入中央苏区，先后担任于都、胜利县委书记。1933 年后，担任中央组织部组织科科长、瑞金县（今瑞金市）扩大红军突击队总队长、中华苏维埃共和国第二届中央执行委员会委员、中央革命军事委员会武装总动员部副部长等，致力"扩红"运动，创造了辉煌的业绩。1934 年 10 月，随中央

金维映故居

红军进行战略转移,是红一方面军参加长征的 30 名女战士之一。到达陕北后,又任中央组织部组织科科长。1937 年,调抗大,任女生大队长。1938 年,到莫斯科养病和学习。1941 年 6 月,牺牲。

周　山（1917—1946）

浙江定海人。从定海中学毕业后,到上海就业,参加抗日救亡运动。上海沦陷后,在皖南加入新四军,初期在新四军军部工作。1938 年,加入中国共产党。1939 年,调任新四军挺进纵队军法处主任。后作为新四军代表之一,与江苏地方实力派谈判。1941 年后,转入地方工作,先后担任中共苏中第三地委组织部部长,中共苏中区委委员、社会部部长等。1946 年,带队在高邮界首区活动时,遭国民党军袭击牺牲。为纪念周山烈士,界首区被命名为周山区（今周山镇）。

周山

碧血映春秋　巍巍矗丰碑

波澜壮阔的革命历史在舟山留下了不可磨灭的印迹。65 处革命遗址和纪念设施见证了海山风云,成为舟山人民的精神家园。

岱山盐民协会旧址

位于岱山县东沙镇司基村。1926 年冬,中共宁波地委派经济斗争委员会主任顾我和中共定海独立支部负责人金维映等到岱山开展盐民运动。1927 年 3 月 12 日,万余名盐民在司基东岳宫召开岱山盐民协会成立大会,推举共产党员王仁林为主席。会后,举行了声

岱山盐民协会旧址（东岳宫）

势浩大的游行，揭开了岱山盐民反盐霸斗争的序幕。1936年7月，为反对国民党岱山盐务当局"产盐归堆、渔盐拌红"等剥削政策，3000多名盐民、渔民在司基东岳宫集会，罢盐抗晒，焚烧了盐警机关。东岳宫为宋宣和年间（1119—1125）建筑，现宫内辟有革命史迹陈列室，是岱山县文物保护单位。

中共定海县工委旧址

原址位于临城街道惠民桥村陈屋里。1939年6月，日军侵占舟山，中共定海县工委把工作重心从城市转向农村，并在陈屋里建立工委机关。工委书记王起等人在这里领导定海的抗日斗争，创建了东区抗日游击根据地。1943年10月，定海抗日自卫团五大队撤离至四明山抗日根据地后，陈屋里县工委机关才停用。原有中共定海县工委旧址陈列室现移建至浙江大学海洋学院内，建有中共定海县工委纪念馆（在原址东南600米处），是舟山市爱国主义教育基地、文物保护单位。

中共定海县工委旧址

"里斯本丸"沉船事件纪念馆

位于普陀区东极镇庙子湖岛上的东极历史文化博物馆内。1942年10月,日军征用"里斯本丸"号客货船,押运1800余名英军战俘从香港返回日本。船在途经舟山东极列岛外海时,在青浜岛东北海域沉没。当地渔民驾小舟陋船实施海上大营救,共救落水英俘384人。之后,又冒着生命危险,掩护3名英俘突破日军封锁,将其护送至大陆。纪念馆展陈了东极渔民营救英俘所用的工具、英俘留下的纪念品及被救英俘于2005年重回东极的图片、视频,现为浙江省党史教育基地。

2005年8月,"里斯本丸"幸存者与营救者东极渔民合影

中共东海工委旧址

位于岱山县东沙镇念母路67号。抗日战争时期,这里一度为中共浙东区委定海特派员机关驻地。1947年1月至1948年10月,这里又成为中共三东工委和中共东海工委的机关所在地。旧址现为舟山市爱国主义教育基地、岱山县文物保护单位。

中共东海工委旧址

"保二中队"机关旧址

"保二中队"机关旧址

位于岱山县东沙镇桥头社区大岭墩。1946 年 3 月,中共党员王家恒根据党组织安排,利用国民党定海县政府整编地方武装的机会,在大岭墩报恩寺成立定海县警察局保安警察第二中队(简称"保二中队")。党组织陆续派遣党员骨干到"保二中队",并在队里成立党支部,逐步控制这支武装,使其配合东海游击总队、舟山支队开展海上游击斗争。报恩寺内现建有"保二中队"史迹陈列室。

东极舟山支队烈士纪念碑

位于普陀区东极镇庙子湖岛颈潮山。1948 年 8 月,根据中共三东工委决定,舟山支队司令员徐小玉、政治部主任王博平率支队百余名指战员撤往苏北,而海防大队留守东福山岛继续斗争。同年 9 月 10 日,国民党海军总司令桂永清带领千余兵力和 9 艘舰艇及海军定海巡防处的官兵到东极列岛"围剿"舟山支队。海防大队指战员面对10倍于己之强敌，浴血奋战7个多小时，击退敌人多次进攻，击沉敌登陆艇1艘，毙伤敌30余人后，转入崖间山洞继续战斗。2001年，该纪念碑落成，高24米，碑身正面刻红五星及"革命烈士纪念碑"，碑侧刻烈士名录。

东极革命烈士纪念碑

林茂成烈士墓

位于定海区昌国街道龙峰山麓的舟山烈士陵园烈士墓区中央。林茂成，山东沂水人。1938年10月，参加八路军。1940年，加入中国共产党。历任班长、排长、连长、"洛阳营"营长等，参加战斗80余次，战功卓著，获"常胜突击队长""华东战斗英雄"等荣誉称号。1947年8月，作为中国人民解放军唯一的代表，赴捷克斯洛伐克出席第一届世界民主青年代表大会，途经莫斯科时受到斯大林的接见。1949年8月19日，在解放大榭岛战斗中牺牲。1972年，林茂成墓从大榭岛迁到舟山烈士陵园内。墓旁有纪念碑。

林茂成烈士纪念碑

登步岛战斗遗址公园

位于普陀区登步岛。1949年11月3日晚，解放军六十一师一部向登步岛国民党守军发起进攻，以5个营的兵力，在鸡冠礁主战场，与飞机、军舰火力支援下的敌6个多团的兵力血战50多个小时，于6日晨撤出登步岛。解放军以1488人的伤亡，取得毙、俘敌军3396人的战绩。为纪念在登步岛战斗中牺牲的烈士，登步岛上建起登步岛战斗遗址公园。公园包括登步战斗纪念馆、登步岛战斗革命烈士纪念碑、登步烈士陵

登步岛战斗革命烈士纪念碑

园等。公园现为浙江省党史教育基地、舟山市爱国主义教育基地。

弘扬先烈志　壮怀启新程

英雄为海山捐躯，岛城因烈士增辉。一则则英雄的故事，即是一段段凝固的历史；一个个英雄的名字，即是一座座庄严的丰碑。革命先烈可歌可泣的牺牲精神诠释了崇高的理想信念，谱写了红色信仰的壮丽诗篇，已成为舟山奋斗新征程的精神灯塔。

中华人民共和国成立后，舟山人民艰苦奋斗、破浪前行。1958 年，在蚂蚁岛诞生了全国第一个渔区人民公社，成为全国艰苦创业先进典型。改革开放以来，"艰苦创业、敢啃骨头、勇争一流"的蚂蚁岛精神鼓舞舟山人民以坚定而自信的步伐，实现了从海防要塞向东部开放门户、从海岛渔村向海上花园城市的跨越。今天的千岛大地，发生了精彩的蝶变：当年解放军抢滩登陆作战的战场上，现今崛起了一座座宏伟的码头，宁波舟山港的吞吐量连续 14 年居世界第一；当年解放军挥师东征时，因为海峡阻隔，投送兵力困难的一个个孤岛，现今已被一座座跨海大桥相连，天堑变通途；当年新四军鏖战的大鱼山上，8 万施工人员仅用 4 年时间完成了 10 年建设任务，建成国内最大、世界一流的炼化一体化项目，正为舟山经济发展注入新的强劲动力；当年支援解放全舟山的支前工作不断发扬光大，从中涌现出一代代的"双拥"模范，舟山连续 8 次获得全国双拥模范城称号。

百年恰是风华正茂，未来仍需风雨兼程。舟山人民牢记习近平总书记的殷殷嘱托，感恩奋进，在赓续"红色根脉"、传承红色基因中践行初心使命，解放思想、勇于创造，勇当海洋强省的排头兵，正迈向高水平建设现代海洋城市的新征程。

舟山 ☆

舟山跨海大桥

浙江红色文化名片
ZHEJIANG HONGSE WENHUA MINGPIAN

台 州

三门亭旁红旗广场

红旗首飘两浙地
三军决胜一江山 ★★★

台州是一座既古老又年轻的滨海城市,充满着活力和希望。在中国共产党成立这一"开天辟地的大事变"中,台州积极响应,成立中共海门小组,点燃了革命火种。在新民主主义革命艰苦卓绝的斗争中,三门亭旁建立了浙江第一个苏维埃政权,被誉为"浙江红旗第一飘";温岭坞根成为红十三军第二团的诞生地和主要战斗地。在解放战争炮声隆隆的战事中,浙东人民解放军第二游击纵队主动出击,使三门成为浙江省第一个解放的县;1955年1月18日,人民解放军陆、海、空三军首次联合作战,取得一江山岛战役的胜利,迫使国民党军队撤出大陈岛等岛屿,浙江始告全境解放。台州光辉的革命历程,是一部勇于牺牲的奉献史,是一部百折不挠的奋斗史,永远激励着台州人民在新时代新征程中踔厉奋发、勇毅前行。

海门起春雷　台岳扬赤旗

独有英雄驱虎豹,誓教日月换新天。台州的革命先驱怀着开天辟地的伟大抱负,创造了辉煌璀璨的革命历史，书写了一篇篇彪炳史册的英雄华章。

中共海门小组成立

1924年3月，中共党员、时任中国社会主义青年团杭州地委秘书的宣侠父到海门（今椒江区）葭沚的浙江省立甲种水产学校开展革命活动，在校内发展金辅华等数人加入中国共产党，组建中共海门小组。这是台州地区第一个党组织，翻开了中国共产党在台州领导革命的历史篇章。

台州第一个党组织纪念馆

亭旁起义

为贯彻八七会议精神，中共宁海县委常委包定回到家乡亭旁，开展革命活动。1928年5月，亭旁区革命委员会及红军指挥部建立，包定任主席兼总指挥；5月26日，起义军占领亭旁镇后，中共宁海县委宣布正式成立亭旁区革命委员会，这是浙江第一个苏维埃政权。虽然由于国民党军警的镇压，起义失败，但它为

亭旁起义指挥部旧址

亭旁起义纪念馆

党积累了在农村开展武装斗争的经验。党中央于同年6月作出了《关于亭旁游击战争的指示》,高度肯定了这次起义。

中共浙南特委成立

1928年9月下旬,中共浙江省委代理书记龙大道在天台县蓝田村主持召开中共浙南代表大会,传达中共六大精神。大会选举产生中共浙南特委,特委机关设于海门。这是温(州)、台(州)两地最早建立的特委组织,领导台属六县和温属四县党的工作。

中共浙南特委成立地旧址(蓝田村)原貌

红十三军第二团(师)成立

1930年7月24日,中共浙南特委和红十三军军部决定把台属游击大队改编为红十三军第二团;8月31日,又扩编为师,下辖坞根、青屿、楚门(海上)3个游击大队和直属特务队、天台游击队。该队伍人数

红十三军第二团（师）革命烈士陵园正门

最多时达千人，多次击败国民党军的"围剿"，形成了温（岭）玉（环）乐（清）边武装割据的局面，沉重打击了国民党地方当局和封建势力。

中共台属特委成立

中共浙江临时省委建立后，1938年5月，在黄岩城关建立了中共台属临时特委；10月，中共台属临时特委转为正式特委，由中共浙江省委委员刘清扬任书记，下辖温岭、黄岩等8个县级组织。台州民众的抗日救亡活动由此走向高潮。1941年10月，中共台属特委机关移驻黄岩平田乡桐树坑村。

中共台属特委成立地旧址（淑德小学）

攻打天台、解放三门

在解放大军兵临长江的有利形势下，1949年2月10日凌晨，浙东人民解放军第二游击纵队主力近800

三门解放捷报

浙东人民解放军第二游击纵队司令部所在地（天台旧县堂）

人向天台县城发起攻击，共歼敌军 300 多人，这是浙东人民解放军第一次攻克县城的战斗。同年 2 月 17 日，浙东人民解放军第二游击纵队兵分两路，攻克海游与亭旁两镇，歼国民党军 200 人；当日下午，宣布成立三门县人民政府。三门成为浙江第一个获得解放的县。

一江山岛战役与浙江全境解放

为了解放浙江沿海的所有岛屿，根据中央军委的

一江山岛登陆战纪念馆

指示，人民解放军华东军区组建了浙东前线指挥部，张爱萍任司令员。1955年1月18日，解放军陆、海、空三军协同，对国民党军据守的一江山岛进行渡海作战，经7个小时激战，共击毙守敌519人，俘虏567人，一举攻占一江山岛。一江山岛解放后，大陈岛等岛屿的国民党军仓皇撤逃台湾。1955年2月26日，浙江全境解放。

碧血洒芳草　正气壮山河

是处青山可埋骨，甘洒热血慰苍生。台州的革命先驱以大无畏的牺牲精神，谱就了一曲曲慷慨恢宏的英雄赞歌。

包　定（1901—1930）

浙江三门人。1919年，任亭旁镇包家村桂林小学校长。1927年，到宁海中学担任教务主任。不久，加入中国共产党，并任中共宁海县委委员。1928年1月，任中共亭旁区委书记；5月24日，亭旁区革命委员会及红军指挥部成立，包定任区革命委员会主席兼红军指挥部总指挥；5月26日，暴动爆发，建立浙江省第一个苏维埃政权——亭旁区苏维埃政府革命委员会。暴动失败后，包定调任中共天台县委常委、书记。1928年11月，当选中共浙南特委候补委员。1929年3月31日，在杭州被捕。1930年6月，在杭州松木场牺牲。就义前慷慨赋诗："碧血洒芳草，正气壮山河。笑看刀光闪，高唱《国际歌》。"

包定

潘心源（1903—1930）

潘心源

湖南浏阳人。1923年6月，加入中国共产党。1927年4月，出席在武汉召开的中共五大。大革命失败后，参与毛泽东领导的秋收起义，曾任红四、五、六军总前委常委等。1930年8月，受中共中央委派到浙南巡视党务和军事工作；10月，出任红十三军政委，负责整顿红十三军组织；冬，从玉环苔山岛赴温州时，在玉环九眼江被浙江保安队逮捕，在芦浦分水山牺牲。

柳苦民（1897—1930）

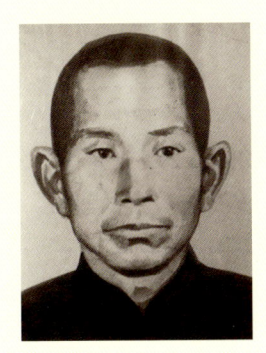

柳苦民

浙江温岭人。1927年冬，加入中国共产党。1928年1月，任中共温岭县委常委；下半年，受县委派遣，到坞根一带发展党的组织，开展武装斗争。1930年3月，创建坞根游击大队，任大队长；7月，游击大队被改编为红十三军第二团（一度扩编为师），柳苦民任团（师）主要领导人，先后粉碎国民党军对坞根游击根据地3次规模较大的"围剿"。1930年12月12日，牺牲。

石瑞芳（1901—1931）

石瑞芳

浙江天台人。1927年6月，加入中国共产党。1928年3月起，先后任中共欢岙区委书记、中共天台县委书记、中共黄岩县委书记，领导群众减租和反"盐廒"斗争。1929年5月，任中共台州中心县委书记。1930年6月，当选中共浙南特委委员、代理书记；12月，因遭内奸告密，在瑞安被捕。1931年2月，在浙江陆军监狱牺牲。

杨敬燮（1900—1931）

化名赵胜，浙江天台人。1925年7月，加入中国共产党。曾任中共台州中心县委委员。1930年3月，在天台建立浙江工农红军第二纵队，任总指挥，策动桐柏暴动；6月，在中共浙南党代会上当选特委委员，随后赴温岭坞根，参与红十三军第二团（师）的创建工作，任团（师）政委。1931年冬，在临海下沙渡战斗中牺牲。

杨敬燮

林 炯（1900—1937）

浙江临海人。1922年9月，从上海澄衷中学毕业后，考入南京河海工程专门学校，并于次年加入中国社会主义青年团。1925年10月，加入中国共产党。1926年11月，受党组织派遣赴莫斯科中山大学学习。1927年下半年回国后，在上海党中央机关任翻译，负责与东方各国党组织的联系工作。1932年起，历任中共湘鄂西省委宣传部长，中共满洲省委宣传部长、省委书记。1935年夏，调赴莫斯科任《救国时报》编辑。1937年秋，在苏联肃反扩大化中被错杀。

林炯

山海存胜迹 勋业昭汗青

革命烽火铸春秋，红色印记别样红。台州的革命先驱前仆后继、接续奋斗，传递着永不泯灭的革命火种，留下了一个个熠熠生辉的英雄印记。

中共黄岩县委成立地旧址

位于台州市路桥区峰江街道蒋僧桥村（原戴大夫

中共黄岩县委成立地旧址（戴大夫故居）

故居）。1927年9月，中共黄岩支部成立，隶属中共临海县委。到1928年5月，黄岩党组织已发展到24个支部，党团员超160人；5月下旬，中共浙江省委常委、共青团省委书记曹晓时（曹策）来台州巡视，在蒋僧桥村支部书记戴大夫家召开黄岩党团活动分子会议。会议决定成立中共黄岩县委，由林冶任书记，会上还同时成立了共青团黄岩县委。旧址现建有党史陈列室，为浙江省文物保护单位、台州市爱国主义教育基地、路桥区文物保护单位。

中共临海县委成立地旧址

位于临海市古城街道邓巷（原张伯炘故居）。1927年9月，张伯炘受中共浙江省委指派，来临海组建中共临海县委。县委隶属中共浙江省委领导，张伯炘任书记。县委的建立，是临海党组织在逆境中发展壮大的重要标志。

中共天台县委成立地旧址

位于天台县赤城街道小北门外的四果洞。1928年3月25日，天台县党员代表大会在县城小北门外的四

中共临海县委成立地旧址（邓巷）

中共天台县委成立地旧址（四果洞）

果洞召开。会议宣布成立中共天台县委,陈文模任书记。同年 7 月底,省委特派员和浙南特派员来天台,在四果洞召开县委(扩大)会议,指出了党的工作由和平发展转入发动农民进行反对地主豪绅和国民党反动派的斗争的新阶段。旧址现保存完好。

中共台属四县联席会议旧址

位于临海市江南街道灵江南岸的叠石寺。1928 年 5 月 7 日,中共浙南特派员、中共温岭县委书记管容德在此召开临(海)黄(岩)天(台)仙(居)四县领导人联席会议。会议传达中共浙江省委对台州工作的指示,作出《组织问题的决议案》,要求各县在半个月内召开扩大会议,建立县委,使党组织和工农军组织由经济斗争转向游击战争。中共台属四县联席会议旧址于 1992 年重建。

中共台属四县联席会议旧址(叠石寺)

中共温岭县委驻地旧址

位于温岭市太平街道山下金村黄茅山叶霞寺。1928 年 9 月,中共温岭县委机关迁至叶霞寺;9 月下旬,县

中共温岭县委驻地旧址(叶霞寺)

委在叶霞寺改选,金学河任书记。新县委组建后,领导农民开展抗租反霸斗争,并成立了由30余人组成的游击队。1930年,游击队编入红十三军第二团(师)第一大队。中共温岭县委驻地旧址现建有纪念馆,为温岭市爱国主义教育基地。

坞根游击大队成立地旧址

位于温岭市坞根镇横坑溪回龙宫。1930年3月,中共温岭县委常委柳苦民根据中共台州中心县委的指示,召集温岭各地农民赤卫队在回龙宫开会。会上宣布成立坞根游击大队,柳苦民任大队长。游击大队下辖20多个游击分队,共有队员400多人。同年7月24日,按照红十三军军部的指示,以坞根游击大队为主的台属游击队被改编为红十三军第二团。坞根游击大队成立旧址(回龙宫)现保存较好,并建有纪念碑。

坞根游击大队成立地旧址(回龙宫)

桐柏暴动指挥部旧址

位于天台县赤城街道桐柏宫内。1930年3月28日,中共台州中心县委委员杨敬燮集结各路武装600多人

新桐柏宫

成立浙江工农红军第二纵队。翌日,指挥部移驻桐柏宫,对到达的各地武装进行编队造册和政治军事训练。来自天台境内的460余人被编为第一支队。同年3月30日和4月1日,第二纵队与奉命前来"进剿"的浙江保安第五团连打两仗,均取得胜利。因修建桐柏水库,桐柏暴动指挥部旧址(桐柏宫)现已迁建到水库库尾岸边。

苏维埃政权天台县革命委员会成立地旧址

位于天台县石梁镇华顶寺。1930年8月,中共天台县委在华顶寺召开约400人参加的群众大会,宣告苏维埃政权——天台县革命委员会成立,县委书记朱渭滨兼任革命委员会主席。旧址现为天台县文物保护单位。

郭凤韶烈士纪念馆

位于临海市古城街道紫阳古街。郭凤韶,1911年出生。1926年冬,加入中国共产主义青年团。1930年,转为中国共产党党员。是临海"乙丑读书社"的

苏维埃政权天台县革命委员会成立地旧址(华顶寺)

郭凤韶故居

组织者之一。在南京时,参加过抗议"四三惨案"的游行和夫子庙示威运动等。1930年9月,在南京被捕;10月25日,在雨花台牺牲,时年19岁,是台州最早牺牲的女共产党员。纪念馆为浙江省党史教育基地。

金永洪故居

位于仙居县横溪镇新罗村。金永洪,1896年出生。1929年10月,加入中国共产党;12月,率部编入"浙西工农革命军",参加缙云黄余田暴动。1930年5月,被编入红十三军第三团(师),先后任仙居独立中队中

金永洪出生地新罗村原貌

队长、仙居游击队队长。1932年5月,"岩头事件"发生,红十三军主力失败后,金永洪率红一团余部继续坚持斗争。1933年8月20日,在仙居蟠滩金坑口被捕;9月10日,牺牲。

中共临海县委机关驻地旧址

位于临海市古城街道北固山嘉佑寺。1938年7月,根据中共浙江临时省委决定,重建中共临海县委,周振东任书记,县委机关设在北固山嘉佑寺。县委重建后,坚决执行抗日民族统一战线政策,建立和发展党的基层组织,进一步推动了临海的抗日救亡运动。

中共临海县委机关驻地旧址(嘉佑寺)

抗日战争时期中共黄岩县委机关旧址

位于台州市黄岩区茅畲乡原茅畲小学。1938年,中共黄岩县委成立,茅畲小学校长林泗斋任县委书记,县委机关设在茅畲小学。县委成立后,发展了城关、新桥、乌岩等地的党组织,同时为皖南、苏北新四军输送了一批党员和革命青年。旧址现为浙江省文物保护单位、台州市爱国主义教育基地。

抗日战争时期中共黄岩县委机关旧址　　　　中共台属工委和临海中心县委驻地旧址（徐下坑自然村）

中共台属工委和临海中心县委驻地旧址

位于临海市河头镇徐下坑自然村。1947年3月初，中共临海中心县委在徐下坑自然村成立，由中共台属工委书记邵明兼任书记，同时决定建立大石、双港两个区委。会后仅一个月时间，大石区已发展党员30多名，建立5个支部；双港区发展党员80多名，建立近20个支部。台州党的力量不断发展壮大。

浙东浙南部队会师纪念馆

位于台州市黄岩区上郑乡圣堂村。1948年4月7

浙东浙南部队会师纪念馆

日，由中共台属工委书记邵明率领的浙东人民解放军第三支队第二大队与浙南括苍支队副支队长徐寿考率领的该支队第二中队在圣堂村会师。此次会师标志着浙东和浙南两块游击区间的走廊已经打通。纪念馆为浙江省爱国主义教育基地。

拜经台会议旧址

位于天台县石梁镇华顶山拜经台南坡的太白读书堂。1948年8月23—24日，中共浙东临委、中共台属工委在拜经台召开会议，临委书记顾德欢参加会议。会议阐述了打开台属地区工作局面的重要性，并对发展武装、建立游击根据地等问题作了比较全面的部署。拜经台会议的召开，使台属地区很快形成新的局面，一度成为浙东游击战争的指挥中心。会议旧址现为天台县爱国主义教育基地、文物保护单位。

拜经台会议旧址

双庙伏击战遗址

位于临海市大田街道双庙村芝冠庵。1948年8月31日拂晓，浙东游击武装第四支队在临海双庙山芝冠

双庙伏击战遗址（芝冠庵）

庵与前来"进剿"的国民党台州保安独立营等部300多人发生激战，俘虏独立营营长以下50多人。这是台属地区武装斗争的转折点，扭转了整个台属地区武装斗争的局面。

中共仙居县委旧址纪念馆

位于仙居县上张乡姚岸村。1949年1月31日，经

中共仙居县委旧址纪念馆

浙南特委同意，中共仙（居）临（海）黄（岩）边区委在永嘉县岭头村成立；2月上旬，进驻仙居上张。区委在开辟新区、培养干部、策反国民党军政要员等方面做了大量工作。同年6月，中共仙居县委建立，李振洲任书记。此后，仙居县委肩负起领导解放仙居全县的重任。中共仙居县委驻地旧址纪念馆于2006年建成，现为台州市爱国主义教育基地。

红色传薪火　垦荒续新篇

峥嵘岁月风吹雨，勇立潮头敢争先。台州的革命斗争风起云涌、波澜壮阔，红色基因深深融入台州人民的血脉。全市共有革命遗址243处，其中全国爱国主义教育基地1个，浙江省爱国主义教育基地11个，浙江省党史教育基地10个。在中国共产党的领导下，台州儿女高举旗帜、奋勇向前，始终走在革命、建设和改革的时代前沿，不断上演着敢为人先的奋进故事，凝聚起昂扬向上的磅礴力量。

在1956年到1960年新中国建设的火热时代里，467名青年登上大陈岛，将满目疮痍的荒岛变成奉献青春的热土。台州孕育了大陈岛垦荒精神。2006年，习近平同志在浙江工作期间专程到大陈岛视察并看望老垦荒队员，肯定了"艰苦创业、奋发图强、无私奉献、开拓创新"的大陈岛垦荒精神。[8]

在改革开放的伟大实践中，台州作为民营经济发祥地、股份合作经济发源地、市场经济先发地，创造了令人瞩目的"台州现象"。台州人民始终牢记习近平总书记的殷殷嘱托，大力发展民营经济，做强实体经

大陈岛垦荒精神纪念碑

济,强化创新驱动,优化营商环境,打造世界一流临港产业带,建设具有国际影响力的制造之都,"小微金改"的"台州模式"在全国复制推广。群众的获得感、幸福感、安全感更加充实、更有保障、更可持续,大陈岛垦荒精神上升为台州的城市精神,台州还实现了全国文明城市"两连创",七度荣膺中国最具幸福感城市。

奋进新时代,台州人民将按照习近平总书记给大陈岛老垦荒队员及其后代回信的要求,坚决守好"红色根脉",传承弘扬大陈岛垦荒精神,奋力谱写中国式现代化台州篇章,努力再创台州民营经济新辉煌,在全省推进"两个先行"中交出干在实处、走在前列、勇立潮头的优秀答卷。

浙江红色文化名片

ZHEJIANG HONGSE WENHUA MINGPIAN

丽　水

浙西南革命英雄群雕

忠诚使命凌云志
求是挺进耀处州 ★★★

丽水古称处州,地处浙西南,是一片革命的热土。1927年1月,中共遂昌支部建立,拉开浙西南革命序幕。农民武装暴动和红十三军、红军北上抗日先遣队的艰苦征战,奠定了浙西南革命基石。1935年3月,红军挺进师临危受命,入浙开展游击战争,创建了浙西南革命根据地,从战略上策应红军长征。挺进师浴血坚持三年游击战争,写下中国革命历史的光辉一页。抗日战争全面爆发后,党领导浙西南人民全力投身抗日救亡运动,浙西南成为全省抗战的重要支撑。解放战争时期,党领导的人民武装建立了浙西南游击根据地,形成农村包围城镇之势,迎来革命胜利。在浙西南23年艰苦卓绝的斗争中,留下了周恩来、刘英、粟裕等老一辈革命家和无数革命先烈的光辉战斗足迹,缔造了忠诚使命、求是挺进、植根人民的浙西南革命精神,不断激励丽水人民奋勇前进。

岁月多峥嵘　潮涌瓯江红

在浙西南23年革命历程中,党领导浙西南人民进行了艰苦卓绝、百折不挠的斗争，谱写了可歌可泣的历史篇章。

中共遂昌支部建立

中共遂昌支部是浙西南第一个中共组织。1926年12月，在国共合作的大革命浪潮中，刚卸任中共温州独立支部书记的唐公宪，按照中共杭州地委的指示，返回家乡遂昌创建中共组织。1927年1月，中共遂昌支部在遂昌县立第二高等小学（校址在大柘泉湖寺）建立。由此，中国共产党在浙西南播下第一颗革命火种，拉开浙西南革命的序幕。

中共遂昌支部旧址（大柘泉湖寺）

红十三军攻打缙云县城

为向浙西发展、联络江西红军，红十三军决定攻打缙云县城。1930年8月31日拂晓，红十三军第一团在军政治部主任陈文杰等的指挥下，一路组成敢死队，匍匐于铁索桥面强攻，击溃防守于好溪铁索桥北端的国民党省保安队，冲过铁索桥，攻入缙云县城；另一路埋伏在东门的红军也及时从石板桥攻入县城。红军

当年的缙云县城铁索桥

烧毁国民党县政府的档案，打开监狱释放被关押的中共党员和红军战士，筹建苏维埃政权。同年9月10日，中共中央机关报《红旗日报》报道"浙南红军占领了缙云"。

红军北上抗日先遣队竹口战斗

为了策应中央红军的战略转移，红军北上抗日先遣队深入国民党统治的腹心区域闽浙边境活动。1934年8月30日，先遣队从庆元县城出发，沿松源溪向竹口方向挺进。当日13时许，向竹口后坑桥方向搜索前进的红军侦察部队，遭遇敌人浙江保安第三团、丽水保安警察大队和庆元县保卫团的合击，先遣队主力迅速赶到，反守为攻，从东、西包抄，红军形成三面包围敌人之势。经一个下午的激战，红军歼敌300余人，俘敌200余人，缴获甚众，击毙保卫团副团长，活捉庆元县县长。保安第三团团长兵败自杀。红军牺牲20余人，战斗最终取得大捷。

竹口战斗纪念碑

红军挺进师斋郎战斗

斋郎地处庆元、龙泉、景宁三县边界的高山上。

红军挺进师斋郎战斗指挥部旧址

1935年4月24日，红军挺进师进驻庆元县斋郎村；4月28日晨，挺进师在师长粟裕、政委刘英的指挥下，首先击溃打头阵的反动地主武装大刀会近1000人，接着集中兵力对付被诱入伏击阵地的浙江保安第一团，居高临下打退敌人多次强攻后，发起反冲锋，追击5000余米，毙伤敌300余人，俘200余人。福建保安第二团闻风丧胆，不战而退。斋郎战斗是挺进师入浙关键一仗，其胜利为开辟浙西南革命根据地创造了条件。

红军挺进师小吉会议

1935年5月初，红军挺进师乘胜进军浙西南腹地，受到当地进步群众组织的欢迎、支持，遂以此为依托，分兵游击，开辟根据地。同年6月上旬，挺进师在松阳县小吉村召开会议，决定成立中共浙西南特委，以加强对地方党的工作和群众工作的领导；成立浙西南军分区，以加强地方武装建设；重新配备干部和编制部队。会议从思想上、组织上、军事上为建立浙西南革命根据地奠定了基础。

小吉会议旧址（翁光道老屋）

浙西南革命根据地建立

1935年6月，按小吉会议部署，挺进师各部迅速进入各自活动区域，以武装斗争与群众工作相结合的方式，创建革命根据地。同年7月，挺进师师部进驻遂昌县王村口，遂全面开展根据地建设。建立了中共龙（泉）浦（城）县委和竹溪、玉岩、王村口、遂（昌）汤（溪）等区委及下属50余个支部；建立了玉岩、住溪、王村口3个苏维埃政府及下属200余个乡、村苏维埃政府或分田委员会；建立了松（阳）遂（昌）龙

王村口苏维埃政府旧址（蔡相庙）

（泉）游击总队及下属150余支地方游击队，挺进师部队发展到1000余人；建立了农民协会、妇女会、共青团、儿童团等群众组织；开展了查田、插标、分青苗的土地革命。

葛程伏击战和上田战斗

1935年7月底，浙江保安独立营进驻龙泉县（今龙泉市）上田村，其机枪连进驻遂昌县坝头村，伺机进攻挺进师和游击队。同年8月4日，挺进师师长粟裕获悉敌机枪连可能偷袭遂昌县葛程村，即率部连夜赶到葛程，设下三面埋伏；次日晨，敌百余人分三路偷袭葛程，结果反遭红军伏击，落荒而逃。8月上旬，有上田群众秘密赶到遂昌王村口，要求红军攻打驻扎在上田的保安独立营；8月8日夜，挺进师政治部主任黄富武率部奔袭上田，毙伤敌100余人，俘敌40余人，缴获甚多。

葛程伏击战粟裕指挥部旧址

红军挺进师上田会议

1935年8月，国民党调集七万左右兵力对浙西南

上田战斗地

上田会议旧址

革命根据地发动大举"清剿"。面对严峻形势,1935年9月20日,挺进师政委会在龙泉县上田村附近的仓硙村仓硙社殿召开会议,研究部署反"清剿"斗争。会议创造性地提出"敌进我进"的反"清剿"方针,留下第二、第五纵队及地方游击队在根据地坚持,主力则跳出敌人包围圈,吸引和牵制敌人,伺机开辟新的根据地。此次会议对挺进师保存力量、坚持长期斗争具有重要作用。

门阵和谈

抗日战争全面爆发后,1937年9月,活动在遂

门阵和谈旧址

（昌）宣（平）汤（溪）游击根据地的粟裕，根据国共两党第二次合作的形势，主动向遂昌县当局倡议合作抗日，并集结部队开展动员教育；10月14日，遂昌县当局代表朱镇山抵达根据地中心门阵村，粟裕指派谢文清、刘清扬与其进行和谈。双方达成合作抗日协议，由此红军挺进师取得三年游击战争的胜利。

中共浙江省委在丽水

1939年3月，中共浙江省委机关从温州迁驻丽水，并在厦河村、兴华广货号百货店等地建立省委机关及交通联络处，省委在丽水部署了全省党的建设、抗日民族统一战线巩固和扩大、抗日救亡活动、党内交通联络等工作。这一时期，浙江党组织得到极大的发展，抗日救亡运动走在全国前列。1941年4月，因形势逆转，省委领导机关撤回温州。

中共浙江省委机关旧址

浙江壮丁抗暴自救军第三总队成立

1947年8月，中共浙东上委与中共处属特委在缙云县西青头村召开联席会议，会后在雪峰村共同组建

浙江壮丁抗暴自救军第三总队成立旧址（雪峰村王氏宗祠）

浙江壮丁抗暴自救军第三总队，联合开展游击战争，宣恩金任总队长，傅振军任政委。国民党浙江省当局获悉此情后，极为惊恐，立即部署"清剿"。面对敌强我弱之形势，抗暴自救军兵分两路行动：第三大队返回金华地区活动，总队部和第二大队转战浙西南。

松阳、丽水两县起义

在解放战争的胜利形势渐趋明朗后，国民党内部发生分化。1949年3月13日，在浙东地区中共组织策应下，国民党松阳县县长祝更生率部600余人起义，

松阳起义旧址

并建立松阳县民主政府;3月14日,受回乡奔母丧的国民党丽水县长张慕槎委托,丽水县自卫总队副总队长胡允孚率部300余人,到碧湖龙子庙宣布起义。起义后,以前松阳县县长祝更生、前丽水县县长张慕槎名义,发出《向全国人民和国民党官兵通电》,呼吁国民党官兵反戈一击,与人民为伍,为解放全中国而战。

伟业垂青史　精神传千秋

在艰难的革命斗争中,浙西南涌现出无数为革命抛头颅、洒热血的英勇先烈,他们的光辉事迹,永远激励着丽水儿女奋勇向前。

麻　植（1905—1927）

麻植

浙江青田人。早年就读于浙江省立第十一师范学校,1924年8月,考入黄埔军校第二期。不久,加入中国共产党。曾参加国民革命军两次东征,任东征军政治部宣传科科长。东征结束后,调任中共广东区委军委秘书,为周恩来的得力助手。国民革命军北伐后,留广州主持广东区委军事部工作。1927年,在广州"四一五"反革命政变中被捕;4月29日,在广州黄花岗牺牲。中共七大时被追认为革命烈士。

蔡鸿猷（1897—1928）

浙江缙云人。早年曾就读于上海大学。1922年,加入中国共产党。1924年8月,考入广州黄埔军校第二期。1925年9月,军校毕业。历任国民革命军排长、连长、连党代表,广东革命政府财政部缉私卫商总队（后改为税警团）营党代表、税警团上校党代表等。1927年，广州"四一五"反革命政变发生次日，被捕。1928年10月6日，牺牲。临刑前写下绝笔诗："赤血染黄花，磷光照万家。两度中秋月，半生志未偿。"

蔡鸿猷

季步高（1906—1928）

浙江龙泉人。早年就读于浙江省立第十一师范学校、杭州法政专门学校。1925年6月，考入黄埔军校第四期；10月，参加国民革命军第二次东征，其间加入中国共产党。1926年春，调至省港罢工委员会纠察大队训育处工作。1927年春，任工人纠察队训育长；广州"四一五"反革命政变后，参加中共广州市委的领导工作；12月，参与领导广州起义。起义胜利后，任苏维埃广州公社军事委员会军械处处长，后受命重建中共广州市委，任中共广州市委书记。1928年4月，任中共广东省委候补委员；7月，在香港被捕；后在广州黄花岗牺牲。

季步高

郑　秋（1896—1933）

浙江青田人。1914年，应募为法国劳工。1922年，转赴苏俄谋生，参加红军，并在苏联加入中国共产党。1928年，回国。1930年5月，参加红十三军。1931年初起，以行医、教拳术为掩护，在兰溪、龙游、汤溪、寿昌等县活动。经两年多活动，秘密发展红军1500余人，打出红十三军第二师旗号，任师长。1933年10月30日，因遭叛徒出卖而被捕；12月15日，在龙游西门外牺牲。

郑秋

宗孟平（1907—1935）

宗孟平

江苏宜兴人。1926年夏，加入中国共产党。历任中共宜兴县委书记、中共沪宁特委委员兼巡视员、中共江苏省委农委委员、中共上海沪东区委书记等。1932年2月，调中央特科工作。1933年初，转移到中央苏区，任全国总工会执行局白区工作部部长。1934年7月，任红军北上抗日先遣队政治部地方工作科科长。1935年3月，随挺进师入浙开展游击战争，历任挺进师政治委员会委员、中共浙西南特委书记等；7月7日，率部活动至浦（城）遂（昌）边境时，遭国民党地方武装袭击牺牲。

卢子敬（1884—1935）

卢子敬

浙江松阳人。1911年春，留学日本早稻田大学。1913年回国后，创办松阳玉岩地区第一所小学。1929—1930年，与陈凤生、陈丹山在当地以发展群众组织"青帮"为名，组建农军，举行暴动。1935年5月，当红军挺进师进军浙西南时，与陈凤生、陈丹山率"青帮"欢迎、支持红军。不久，加入中国共产党，历任中共玉岩区委副书记、松（阳）遂（昌）龙（泉）游击总队副总指挥等。在国民党军对浙西南革命根据地大举"清剿"期间，1935年10月19日，为掩护游击队突围，与妻儿同时被捕；10月22日，牺牲于松阳玉岩。

陈丹山（1873—1935）

浙江松阳人。早年为私塾先生和民间郎中。1929—1930年，与陈凤生、卢子敬等在当地发展群众组织"青帮",并以此为掩护,组建农军,举行暴动。1935年5月,红军挺进师进军浙西南时,与陈凤生、卢子敬带领"青帮"欢迎、支持红军。不久,加入中国共产党,历任浙西南军分区征募主任、玉岩区苏维埃政府副主席。在国民党军对浙西南革命根据地大举"清剿"期间,率游击队配合红军战斗。1935年10月21日,不幸被捕;11月14日,牺牲于松阳县城郊。

陈丹山

陈凤生(1902—1935)

浙江松阳人。1929—1930年,与卢子敬、陈丹山等在当地发展群众组织"青帮",并以此为掩护,组建农军,举行暴动。1935年5月,红军挺进师进军浙西南时,与卢子敬、陈丹山带领"青帮"欢迎、支持红军。不久,加入中国共产党,历任松(阳)遂(昌)龙(泉)游击总队总指挥、玉岩区苏维埃政府主席、中共玉岩区委书记等。在国民党军对浙西南革命根据地进行大举"清剿"期间,1935年10月31日,为保护群众而被捕;11月22日,牺牲于龙泉县城。

陈凤生

黄富武(1908—1935)

江西弋阳人。1927年,参加革命。1928年,加入中国共产党。历任中共闽北分区委常委、闽浙赣省苏维埃政府执行委员、中共闽北分区委书记、中华苏维埃政府候补执行委员、赣东北红军独立师政委等。1935年2月,任挺进师政治部主任,协助刘英、粟裕率挺进师入浙开展游击战争,后兼任挺进师政治委员会委员、中共浙西南特委书记、浙西南军分区政委等。同年9月,在国民党军对浙西南革命根据地大举"清

黄富武

剿"期间,奉命留在根据地领导反"清剿"斗争;10月30日,在遂昌被捕;12月12日,牺牲于丽水大水门外。

洪家云(1909—1936)

洪家云

江西永新人。早年参加红军,加入中国共产党,历任红七军团政治部青年科科长、红军北上抗日先遣队营政委、闽北红军团政委等。曾率部在闽浙边开展游击斗争。1935年3月,红军挺进师途经闽北时,洪家云部并入挺进师。历任挺进师政治委员会委员、第二纵队政委,中共浙西南特委委员,中共王村口区委书记,中共闽浙边临时省委委员等。1935年9月,在国民党军对浙西南革命根据地大举"清剿"期间,率部在根据地浴血抗击。1936年4月,在浦城党溪遭敌袭击牺牲。

许信焜(1914—1937)

许信焜

江西横峰人。1927年冬,参加弋(阳)横(峰)暴动,任儿童团团长。1930年,参加红军,并于同年加入中国共产党。1934年7月,随红军北上抗日先遣队转战闽浙赣皖。1935年3月,随红军挺进师入浙开展游击战争。历任挺进师政治委员会秘书、第一纵队政委,中共闽浙边临时省委委员等。1936年6月,任中共浙西南特委书记,率部建立龙(泉)浦(城)江(山)遂(昌)边游击根据地。1937年2月,在国民党大举"清剿"闽浙赣皖边区期间,率部外线转战;5月,在青田富庄战斗中负伤;6月7日,在龙泉沙坯岩遭敌袭击牺牲。

张麒麟(1912—1942)

江西横峰人。1927年12月,加入儿童团,参加方志敏领导的弋(阳)横(峰)暴动。1930年,编入红十军,同年加入中国共产党。1934年7月,所在部队编为红军北上抗日先遣队,任连政治指导员。1935年3月,随红军挺进师入浙开展游击战。1936年10月,任中共龙(泉)浦(城)县委书记。1937年5月,冒死冲过敌封锁线,将挺进师第二纵队余部带离险境。抗日战争全面爆发后,历任中共浙西南特委书记、中共浙江省委委员、中共处属特委书记、中共闽浙边委书记。1939年9月,赴皖南,准备到延安出席中共七大,后因时局逆转,奉命返回浙江坚持斗争。1942年5月6日,在遂昌县山井村遭敌袭击牺牲。

张麒麟

一门六英烈

龙泉县高山村操家英烈群体。年龄最大者27岁,最小者14岁。操正旺(1915—1941),家中排行老二(老大、老三、老四早逝)。1935年夏,参加红军挺进师的革命活动。1937年4月,加入中国共产党。1938年春,任中共高山支部书记,后加入中共闽浙边委武工队。1941年12月,在浦城牺牲。操正昌(1921—1941),排行老五。少时随二哥参加革命活动,后投身抗日救亡,参加中共闽浙边委武工队并入党。1941年8月,被捕,备受酷刑,于龙泉住溪牺牲。李起芝(1923—1942),女,1940年与操正昌结婚,随后参加革命。丈夫牺牲后,参加中共闽浙边委武工队。1942年2月11日夜,因遭叛徒出卖被捕,在被敌拖行、血流数里后,面对敌人逼供,仍怒斥道:"要杀就杀,

操正旺　　　　　操正昌　　　　　李起芝　　　　　操正长

何必多问！"次日，牺牲。操正长（1923—1942），排行老六。从小跟随哥哥们参加革命活动。1941年，参加中共闽浙边委武工队。1942年2月11日夜，与嫂子李起芝一同被捕，后牺牲。操正福（1926—1942），排行老七。从小跟随哥哥们参加革命活动。1942年3月，与母亲、小弟（老九操正芳）一起被捕，被折磨一个多月，牺牲于浦城县监狱。操正林（1928—1941），排行老八。受哥哥们和隐蔽在家中的中共闽浙边委书记张麒麟等教育、影响，参加革命活动。1941年清明节前后，见边委同志缺粮挨饿，便上山挖竹笋给边委同志充饥，不幸被毒蛇咬伤，中毒身亡。

先辈写春秋　胜迹存浩气

23年艰苦卓绝的革命斗争，在浙西南留下了大量革命遗址遗迹，由此也形成了众多革命纪念场馆。它们见证着浙西南革命的光辉历史，承载着浙西南革命的巨大功绩，彰显着浙西南革命的伟大精神。

中共遂昌县委旧址（傅正友公祠）

中共遂昌县委旧址

位于遂昌县塘岭头村。1927年10月，在外地隐蔽的中共党员谢云巢、傅以和等返回遂昌开展工作。他们在塘岭头村召开党员骨干会议。会议决定建立中共遂昌县委，傅以和任书记，谢云巢为负责人。1928年7月，县委在塘岭头村傅正友公祠召开会议，商讨武装暴动事宜。旧址是中国共产党在浙西南首次领导开展武装斗争的见证，现为丽水市党史教育基地。

遂昌县工农革命军武装暴动誓师大会旧址

位于遂昌县梭溪村。1928年4月，中共遂昌县委

遂昌县工农革命军武装暴动誓师大会旧址（梭溪庙）

建立200余人的遂昌县工农革命军，准备举行武装暴动；7月20日夜，县委在塘岭头村傅正友公祠召开会议，商讨武装暴动事宜；7月22日，县委在梭溪庙召开誓师大会，誓师暴动，开启了中国共产党领导开展浙西南武装斗争的征程。

中共缙云县第一次代表大会旧址

位于缙云县高潮村。1928年9月6日夜，在中共浙西特委委员邵溥慈指导下，中共缙云县第一次代表大会在壶镇燕翼小学召开，30余名代表与会。会议选举产生中共缙云县第一届委员会，赵汝池任书记，确定了以发展组织、建立武装、打击土豪劣绅、实行土地革命为县委中心任务。此次会议是浙西南地区首次县级代表大会。旧址现为丽水市党史教育基地。

中共缙云一大旧址（燕翼小学）

红十三军壶镇战斗旧址

位于缙云县壶镇镇。1930年9月5日拂晓，红十三

红十三军壶镇战斗旧址（贤母桥现貌）

军第三团攻打连接四县的缙云重镇——壶镇。时值溪水暴涨，进攻壶镇的唯一通道贤母桥又遭敌严密封锁，红军组织敢死队，身披湿棉被，多次冒死冲锋，但均因桥面狭窄、守敌火力过猛而无法突破封锁。战斗至中午时，又有敌方援军从红军背后发起进攻，红军被迫撤出战斗，牺牲30多人。该桥建于清代嘉庆年间（1796—1820），现为浙江省文物保护单位。

三岩寺红军洞

位于莲都区太平乡楼根山脉中部的半山腰，因洞内建有胡公殿，故也称"胡公洞"。1930年9月15日凌晨，驻扎于洞内的宣平南营红军百余人，遭敌偷袭。红军虽武器低劣、弹药受潮，仍奋勇抗击。除部分红军攀附大树、古藤滑落悬崖突围外，其余均英勇牺牲，其中承担阻击任务的30余人无一幸免。胡公洞遂被称为"红军洞"。

三岩寺红军洞

红军北上抗日先遣队随军银行旧址

位于龙泉市溪头村。1934年9月3日，红军北上

红军北上抗日先遣队随军银行旧址

抗日先遣队转战至龙泉溪头村,在该村杂货店设立随军银行,用银圆、铜板换回红军沿途向群众购买物品所使用的中央苏维埃政府纸币(群众称之为"红军票"),以免群众遭受损失。红军北上抗日先遣队被群众称为"仁义之师"。旧址现保存完好。

红军挺进师溪头战斗遗址

位于龙泉市溪头村。溪头村位于龙泉与福建浦城的交界处。1935年3月25日,红军挺进师兵分三路,攻打驻扎在溪头村阻击红军的浙江保安队3个分队:一路攻打七峰山敌碉堡,一路攻打士后峦敌工事,一路攻打大堂庙敌据点,俘敌20余人,缴获枪支弹药若干。溪头战斗是挺进师入浙第一仗。遗址现建有纪念碑亭和纪念公园。

中共龙浦县委驻地遗址

位于龙泉市高山村。1935年6月,中共浙西南特

溪头村新貌

委书记宗孟平在该村主持召开会议，传达红军挺进师政委会小吉会议精神。会议决定建立中共龙（泉）浦（城）县委，下设龙（泉）遂（昌）区委（大北区委）、龙（泉）浦（城）区委（小北区委）。原址建筑已毁，现高山村建有烈士纪念亭。

高山村烈士纪念亭

红军挺进师安岱后革命旧址群

位于松阳县安岱后村。1935 年 5 月，红军挺进师在松阳安岱后一带受到当地进步群众组织"青帮"的欢迎；6 月，红军挺进师在"青帮"首领陈凤生、陈丹山的家乡安岱后村发动群众，创建党、政、军、群革命组织。该旧址群包括挺进师领导人旧居、浙西南特委和军分区旧址、松（阳）遂（昌）龙（泉）游击总队旧址（陈氏宗祠）、红军食堂旧址、红军桥等，现为全国红色旅游经典景区和浙江省文物保护单位、爱国主义教育基地、党史教育基地。

安岱后红军桥

红军挺进师王村口革命旧址群

位于遂昌县王村口镇。1935 年 7 月，红军挺进师

红军挺进师八一誓师大会旧址（天后宫）

师部进驻王村口，设立领导中心，全面领导和开展游击战争及根据地建设。该旧址群包括红军挺进师战斗遗址（白鹤尖）、红军挺进师师部旧址（程氏民宅）、王村口苏维埃政府旧址（蔡相庙）、红军挺进师八一誓师大会旧址（天后宫）、粟裕演讲会场旧址（宏济桥）、粟裕陵园等，现为全国红色旅游经典景区和浙江省文物保护单位、爱国主义教育基地、党史教育基地。

红军挺进师枫坪革命旧址群

位于松阳县枫坪乡。1935年5月，陈凤生、卢子敬、陈丹山带领群众，将红军挺进师迎到斗潭村永福寺，召开欢迎大会；6月，红军挺进师政委会在小吉村召开会议，总结、部署工作；7月22日，挺进师政治部主任、中共浙西南特委书记黄富武在宜兴社主持召开会议，建立中共玉岩区委和区苏维埃政府。该旧址群包括欢迎红军大会旧址（永福寺）、红军挺进师政委会小吉会议旧址（翁光道老屋）、中共玉岩区委和区苏维埃政府成立地旧址（宜兴社）及驻地旧址（杨大年家）等，现为浙江省党史教育基地。

欢迎红军大会旧址（永福寺）

浙西南革命根据地中共竹溪区委和区苏维埃政府旧址

分别位于松阳县高硌背村和燕田村。1935 年 7 月初，红军挺进师干部杨林等在高硌背村地姥庙召开会议，建立中共竹溪区委和区苏维埃政府，后区委、区苏维埃政府机关移驻燕田村吴氏宗祠办公。现高硌背村已整体搬迁，但地姥庙保存完好。吴氏宗祠经修复布展，现为浙江省党史教育基地。

中共竹溪区委、区苏维埃政府驻地旧址（吴氏宗祠）

红军挺进师后方基地旧址

位于遂昌县后塘村。1935 年 8 月 13 日，红军挺进师没收委员会主任谢文清率部到后塘村，着手建立红军挺进师后方基地，包括军需物资供应站、枪械修理所、伤病员疗养院（后方医院）等。随后，后塘乡苏维埃政府、后塘乡游击队建立。旧址现为浙江省文物保护单位。

红军挺进师后方基地旧址（邱氏民居）

住溪苏维埃政府旧址

位于龙泉市住溪村。1935 年 8 月 20 日，中共龙（泉）浦（城）县委书记方志富在住溪村廖家祠堂主持召开大会，建立住溪苏维埃政府，下辖竹垟、独源、大横坑、宝溪、上田等乡苏维埃政府。旧址现为全国红色旅游经典景区、浙江省党史教育基地。

中共浙西南特委会议旧址

位于龙泉市西坑自然村。1936 年 6 月，中共浙西南特委重建，特委书记许信焜率机关人员驻于西坑村范氏宗祠。此后，浙西南的工作得到恢复，逐步开辟

住溪苏维埃政府旧址（廖家祠堂）

丽水

中共浙西南特委会议旧址（范氏宗祠）

中共龙（泉）遂（昌）县委旧址（杨家大屋）

了龙（泉）浦（城）江（山）遂（昌）游击根据地。当月，特委在范氏宗祠召开会议，恢复中共龙（泉）浦（城）县委，建立中共龙（泉）遂（昌）县委。该旧址现保存完好，为丽水市党史教育基地。

中共龙遂县委旧址

位于龙泉市碧龙村。1936年6月，中共龙（泉）遂（昌）县委建立，驻地为碧龙村杨家大屋，下辖住龙区委和王村口区委（浦北区委），领导周边地区开展群众工作和根据地建设。该旧址现为浙江省文物保护单位、爱国主义教育基地。

景宁毛垟红军医院遗址

位于景宁畲族自治县毛垟村。1936年春，红军挺进师第一纵队第一大队转战于青（田）景（宁）边，常有伤病员需安置、疗伤。毛垟村的畲族大娘钟金钗以祖传的草药医术，为伤病员治病疗伤。为防敌人搜捕，钟金钗和丈夫把伤病员安置在人迹罕至的毛垟岭石谷洞。至1937年秋，先后有30余名红军伤病员经

景宁毛垟红军医院遗址（石谷洞）

钟金钗治疗后痊愈归队。红军称该址为毛寨红军医院。

凤阳山战斗旧址

位于龙泉市凤阳山。1937年5月,中共浙西南特委副书记、红军挺进师第二纵队政治部主任杨干凡率部转战至龙泉凤阳山,宿营于凤阳庙。次日凌晨,在弥漫的大雾中,部队遭国民党军袭击,被迫向西南突围。杨干凡负责殿后,掩护部队突围,不幸中弹牺牲。旧址现保存完好。

凤阳山战斗旧址(凤阳庙)

新四军驻浙江办事处旧址

位于莲都区高井弄9号。1938年3月,新四军驻浙江办事处在此设立,吴毓任主任。办事处负责办理新四军在浙江的有关事宜,承担中共浙江临时省委与东南分局、新四军军部等上级部门的联络工作,指导地方党组织的工作。同年10月,因新四军驻温州通讯处突遭国民党查封,中共浙江省委决定主动关闭办事处。旧址现为丽水市文物保护单位。

新四军驻浙江办事处旧址

丽 水 ☆

周恩来为青田县东源小学题词纪念碑

位于青田县东源村。1938年2月，国民政府军事委员会政治部总务厅厅长赵志垚个人出资在家乡创办的青田县东源小学开学。次年1月，应赵志垚之请，周恩来为东源小学题词"中华民族新希望"，朱德、董必武、郭沫若等也分别有题词。周恩来等题词高悬于该校纪念堂，深深激励着全校师生。有多名师生先后投笔从戎，奔赴前线抗日。1978年，当地立碑纪念周恩来题词。纪念碑现为丽水市爱国主义教育基地。

周恩来为青田县东源小学题词纪念碑

中共浙江省委联络站旧址

分别位于莲都区大众街32号和梅山弄19号（原花园弄2号）。1939年3月，中共浙江省委机关迁驻丽水时，开设兴华广货号百货店作为省委联络站，是省委与中共东南局和下属各特委的主要联络点。黄景之律师事务所原为中共丽水县委联络站，省委机关迁驻丽水后，成为省委的重要活动场所。省委曾在此秘密召开会议、研究工作、印发文件。两旧址现均为浙江省文物保护单位。

中共浙江省委联络站旧址（兴华广货号）

中共浙江省委联络站旧址（黄景之律师事务所）

周恩来视察浙江省铁工厂纪念碑

位于云和县小顺村。1939年4月2日，中共中央革命军事委员会副主席周恩来，以国民政府军事委员会政治部副部长的身份，在黄绍竑等人陪同下，从金华经丽水到小顺，并于次日视察浙江省铁工厂，向全厂职工发表演讲。周恩来小顺之行，有力促进了浙江抗日民族统一战线的发展，推动了浙江的抗日救亡运动。1989年8月，当地在正屏山立碑纪念这次视察。2014年底，纪念碑迁入小顺抗战文化建筑群，此地现为丽水市党史教育基地。

周恩来视察浙江省铁工厂纪念碑

中共闽浙边委湖住溪旧址

位于龙泉市湖住溪自然村。1940年6月，因形势逆转，中共处属特委撤销，分设中共闽浙边委和中共丽水中心县委。中共闽浙边委机关驻地从水塔村转移至草鞋岭村，后又转移到湖住溪村五龙山庙。至同年11月，因形势进一步恶化，边委机关撤进山中坚持斗争。该旧址现保存完好，村内建有烈士纪念亭。

中共闽浙边委湖住溪旧址（五龙山庙）

万山地下交通总站旧址

位于青田县万山村。1939年1月，青田中共组织设立万山地下交通站。1940年冬，发展为交通总站，既承担中共青田县委（特派员）与各区委的交通联络，又承担缙云、永嘉、仙居、丽水等县中共组织与中共处属特委、中共浙南特委的交通联络，一度还承担与浙东抗日根据地的交通联络，为革命斗争发挥了重要作用。旧址现为丽水市党史教育基地、爱国主义教育基地。

万山地下交通总站旧址

中共处属特委机关稠门驻地旧址

位于缙云县江西山后自然村。1940年秋,中共缙云县工委书记林艺圃将稠门村江西山后独门独户的李银通家选定为秘密活动点。之后,中共缙云县委书记曾绍文、李文辉先后隐蔽于此,将此作为中共缙云县委机关驻地。1944年春,中共处属特委机关迁驻缙云时,这里又成为特委机关主要驻地。李母郑月梅被党内同志尊称为"革命老妈妈"。旧址现为丽水市爱国主义教育基地、党史教育基地和缙云县文物保护单位。

中共处属特委机关稠门驻地旧址

中共闽浙边地委和游击队崔上村驻地遗址

位于庆元县崔上村。1947年3月,中共闽浙边地委机关进驻崔上村,以此为基点,在松溪、浦城、庆元、龙泉等县开展群众工作和国民党乡、保、甲长的统战工作,在40多个自然村建立游击据点;年底,驻地遭国民党军"清剿",地委机关及游击队驻扎的建筑被烧毁。1987年,当地立中共闽浙边地委驻地纪念碑。遗址现为丽水市爱国主义教育基地。

中共闽浙边地委驻地纪念碑

中共丽水县委旧址

位于莲都区岱后村。1947年2月,中共处属特委指派张之清到丽水县北乡开展活动;3月,中共丽水县委在岱后村朱氏宗祠建立,张之清任书记;5月,丽(水)武(义)宣(平)武工队建立。由此,朱氏宗祠成了县委机关驻地和联络指挥中心。旧址现为丽水市党史教育基地、莲都区文物保护单位。

中共丽水县委旧址(朱氏宗祠)

唐公宪故居

李逸民将军故居

唐公宪故居

位于遂昌县梭溪村。唐公宪，1898年出生，浙江遂昌人。1921年，参加衢前农民运动。1923年3月，在杭州加入中国共产党，后相继于绍兴、建德、温州、遂昌等地开展革命活动，历任国民党浙江省党部候补执行委员、中共温州独立支部书记、国民革命军东路军前敌总指挥部政治部宣传室主任等。1926年12月，奉命返回家乡创建中共遂昌支部。1927年4月，在杭州被捕入狱。1937年7月，被保释出狱，后任遂昌县简易师范学校校长。著有《中国历史纲要》。故居现为浙江省文物保护单位。

李逸民将军故居

位于龙泉市李登自然村。李逸民，1904年出生，浙江龙泉人。1925年6月，考入广州黄埔军校第四期；9月，加入中国共产党，参加国民革命军第二次东征。1927年8月1日，参加南昌起义。1928年春，在上海被捕，狱中仍坚持斗争。抗日战争全面爆发后，经组织营救出狱，赴延安抗大学习。历任抗大三分校政治部主任、冀热辽军区政治部宣传部部长、东北人民政府财经计划委员会常务委员兼秘书长等。中华人民共和国成立后，历任公安部队政治部副主任、军委总直属队政治部主任、《解放军报》总编辑、总政治部文化部部长等。1955年，被授予少将军衔。故居现为丽水市文物保护单位、爱国主义教育基地、党史教育基地。

潘香凤烈士墓

位于青田县革命烈士陵园。潘香凤，女，1926年出生，浙江青田人。1939年6月，受大哥、中共万山村支部书记潘博亨影响，参加抗日救亡工作。1940年冬起，任万山地下交通站（总站）交通员，多次出色完成交通任务，被誉为"常胜的女交通"。1944年5月，加入中国共产党。1948年1月7日，浙江保安第四团到万山村"清乡"时，与父亲和乡亲共12人一起被捕，为救群众，承认自己是共产党员；1月13日，在永嘉县邵园村牺牲。

潘香凤烈士墓

龙泉革命烈士陵园

位于龙泉市区陵园路。1959年，龙泉县委在县城北隅的安清山兴建龙泉县革命烈士陵园，是全省首批烈士陵园之一。1980年1月，粟裕为该陵园题名。陵园设门楼、纪念馆、纪念碑、墓园等，内有粟裕部分骨灰敬撒处、季步高烈士纪念碑、宗孟平烈士纪念碑、许信焜烈士墓、张麒麟烈士墓、李逸民墓以及其他革命烈士墓。现为浙江省爱国主义教育基地、党史教育基地和龙泉市文物保护单位。

龙泉革命烈士陵园

中国工农红军挺进师纪念馆

中国工农红军挺进师纪念馆

　　位于遂昌县王村口镇。1935年3月，红军挺进师奉命入浙开展游击战争；7月，红军挺进师师部进驻王村口，全面开展根据地建设和游击战。后游击战发展至闽浙边、浙南、浙东等各地，粉碎了国民党军数十个团的多次"清剿"，坚持了三年游击斗争。红军挺进师浴血奋战三年，在战略上策应了红军长征，锤炼了一支中国革命劲旅，创造性地实践了毛泽东军事思想。为缅怀革命先烈，弘扬红军挺进师的丰功伟绩，2011年7月，在红军挺进师师部驻地开设纪念馆。

传承革命志　永做挺进师

　　丽水是全国12个重点革命老区之一，革命历程艰难，历史地位突出，红色资源丰厚。革命胜利后，丽水各级党委高度重视红色资源的保护和红色基因的传

丽水南明湖

承。2021年10月，在全省率先颁布实施革命遗址保护地方性法规《丽水市革命遗址保护条例》。全市现有500多处革命旧（遗）址，其中10处被列为浙江省党史教育基地，227处被纳入丽水市第一批革命遗址保护名录。

中华人民共和国成立后，丽水人民发扬革命传统，自力更生，奋发图强，写就经济社会发展的壮丽诗篇。1955年，龙泉县凤鸣乡山林入社经验，得到毛泽东批示，成为全国农业合作化运动的一面旗帜。1963年，青田干部参加劳动的事迹，得到毛泽东长篇批示，改进了干部作风，促进了农业和集体经济发展。与此同时，丽水涌现出了无数英雄模范。在抗美援朝中，丽水籍志愿军在朝鲜战场上奋勇杀敌，随即又投入一江山岛解放战斗中。

改革开放以来,丽水市践行"绿水青山就是金山银山"理念,坚持生态优先、绿色发展,成为全国革命老区共同富裕先行示范区、生态产品价值实现试点市、国家生态文明建设示范区、全国文明城市、国家森林城市、中国摄影之乡、中国民间艺术之乡、中国优秀旅游城市、中国长寿之乡,涌现出不少抗洪救灾模范、全国模范退役军人和全国爱国拥军模范。

进入新时代,丽水人民牢记习近平总书记的重要嘱托,大力弘扬践行浙西南革命精神,将以"丽水之干"担纲"丽水之赞",为"丽水之干"注魂、赋能、立根,永做跨越式高质量发展的新时代"挺进师",为全面建设绿水青山与共同富裕相得益彰的新丽水而不懈奋斗!

引文出处

[1] 新华社北京2018年3月1日电《习近平回信勉励浙江余姚横坎头村全体党员》

[2] 新华社杭州2020年4月1日电《习近平在浙江考察时强调 统筹推进疫情防控和经济社会发展工作 奋力实现今年经济社会发展目标任务》

[3]《浙江日报》2022年1月19日《再接再厉 顺势而为 乘胜前进 勇当绿色低碳发展的探路者》

[4]《人民日报》2017年11月1日《习近平：铭记党的奋斗历程时刻不忘初心 担当党的崇高使命矢志永远奋斗》

[5]《人民日报》2017年11月1日《习近平：铭记党的奋斗历程时刻不忘初心 担当党的崇高使命矢志永远奋斗》

[6]《浙江日报》2017年10月6日《挺立潮头开新天——习近平总书记在浙江的探索与实践·创新篇》

[7]《人民日报》2017年11月1日《习近平：铭记党的奋斗历程时刻不忘初心 担当党的崇高使命矢志永远奋斗》

[8] 新华社北京2016年5月31日电《习近平回信勉励大陈岛老垦荒队员的后代——继承和弘扬大陈岛垦荒精神 热爱祖国好好学习砥砺品格》

索引 ★★★

杭　州

"一师风潮"	004
衙前农民运动	005
中共中央西湖会议	006
杭州党团组织建立	007
中共浙江省委成立	008
王若飞到浙传达八七会议精神	008
浙江陆军监狱中的斗争	009
国共两党杭州谈判	010
中共浙江省临时工作委员会（省工委）成立	010
浙西抗日根据地的反顽斗争	011
"于子三运动"	012
杭州解放	013
童润蕉	014
童祖恺	014
罗学瓒	014
龙大道	015
李硕勋	015
沈干城	016
茅丽瑛	016
孙晓梅	017
郁达夫	017
蒋　忠	018
李成虎故居	018
中共鸭兰村支部旧址	019
中共西镇区委旧址	020
邹子侃烈士墓	020
枫树岭白马红军标语墙	021
红军北上抗日先遣队侯头之战纪念碑	021
红军北上抗日先遣队军政委员会会议（茶山会议）旧址	022

中共淳安县委旧址	023	王家谟	040
中共淳遂歙中心县委驻地遗址	023	沈乐山	040
民族日报社旧址	024	卓恺泽	041
周恩来西天目山演讲旧址	024	沙文求	041
新四军苏浙军区第一纵队		裘古怀	041
随军被服厂旧址	025	柴水香	042
新四军渡江会师纪念碑亭	025	卓兰芳	042
塔山烈士陵园	026	柔　石	043
中共江东县工委、江东县政府		殷　夫	043
东毛村驻地遗址	026	杨贤江	043
浙东人民解放军金萧支队纪念馆	027	张人亚	044
马叙伦与杭州主题展览馆	027	应修人	044
		陈寿昌	045

宁　波

		夏　曦	045
		胡　煌	046
中共宁波支部成立	034	朱镜我	046
中共宁波地委成立	034	李　敏	047
中共浙江省委扩大会议		朱学勉	047
在宁波召开	035	中共沙村支部旧址	048
中共浙东区委成立	035	大革命时期宁波总工会旧址	048
新四军浙东游击纵队组建	035	中共镇海独立支部遗址	049
梁弄战斗	036	胡焦琴烈士纪念碑亭	050
浙东敌后各界临时代表会议召开	037	中共慈溪县委成立地旧址	050
中共浙东工委（临工委）成立	038	鄞南暴动指挥部旧址	051
重建四明主力武装	038	中共慈溪县工委成立地旧址	051
贺威圣	039	中共镇海县工委机关驻地旧址	052
王　鲲	040	中共余姚县第一次代表大会旧址	052

横河战斗纪念碑亭	053
中共四明地委驻地旧址	053
竹山岙战斗遗址	054
浙东抗日根据地旧址群	054
前方村战斗纪念碑亭	056
后屠桥战斗旧址	056
洪桥战斗纪念碑	057
东埠头战斗遗址	057
鄞县民主政府成立大会旧址	058
天华缴枪战斗旧址	058
中共浙东工委梅花村会议旧址	059
中共象山工委旧址	060
上王岗战斗纪念碑	060
朱枫烈士纪念楼	060
邵荃麟故居	061

温　州

中共温州独立支部成立	068
红十三军成立与斗争	068
中共浙南第一次代表大会召开	070
中共闽浙边临时省委成立	070
中共浙南特委成立及浙南游击根据地创建	071
曾山到浙南传达中共中央指示	072
浙南红军编入新四军开赴皖南	073
中共浙江省委重建	074
中共浙江省第一次代表大会	074
永乐人民抗日自卫游击总队的斗争	075
中国人民解放军浙南游击纵队组建	076
温州和平解放	077
谢文锦	078
郑恻尘	078
金贯真	078
赵　刚	079
王国桢	079
雷高升	079
郑　馨	080
李得钊	080
周饮冰	080
叶廷鹏	081
郑明德	081
林心平	081
朱　程	082
吴　毓	082
谢用卿	083
周　斌	083
郑敬衡故居	084
周定故居	084
永嘉84村农民大暴动聚集地旧址	085

浙南革命委员会和浙南红军游击队成立地旧址	085
浙南红军游击总指挥部成立地旧址	086
红十三军192烈士摩崖题刻	087
红十三军战士遇难处"千人坑"旧址	087
王金姆烈士纪念碑	088
林去病故居	088
陈卓如故居	089
浙南红军游击队成立地旧址	090
红十三军"岩头事件"旧址	090
林秉权故居	091
中国工农红军挺进师纪念馆	091
中共闽浙边临时省委机关驻地旧址	092
红军山洞医院旧址	093
峰文大战纪念碑	093
永嘉战时青年服务团旧址	094
中共闽浙边临时省委机关驻地旧址	094
红军挺进师与浙南红军游击队会师地旧址	095
闽浙边临时省军区司令部旧址	095
闽浙边抗日救亡干部学校旧址	096
新四军驻闽浙边后方留守处遗址	097
新四军驻温州通讯处旧址	098
林环岛烈士故居	098
林夫纪念馆	098
中共浙南特委扩大会议旧址	099
永乐人民抗日自卫游击总队成立地旧址	099
中共永嘉县委旧址	100
温州和平解放谈判旧址	100

湖 州

中共湖州支部成立	108
中共浙西特委建立	108
新四军十六旅南下苏浙皖边	109
新四军苏浙军区成立与斗争	109
苏浙皖边围歼战	110
钱壮飞	112
刘别生	112
韦一平	113
中共老石坎支部旧址	114
中共湖州中心县委旧址	114
钱壮飞纪念馆	114
周恩来和蒋介石莫干山谈判旧址	115
谢勃烈士纪念碑	116
中共中央东南局政治交通站旧址	116
中共浙西北特委旧址	116
郎部抗日纪念馆	117
新四军苏浙军区旧址群	118

新四军苏浙军区前线指挥部（政治部）旧址	119
孝丰革命烈士陵园、新四军天目山反顽战役纪念馆	119
沙可夫塑像	140
张琴秋塑像	140
沈鸿纪念馆	141

嘉 兴

中共一大南湖会议	126
中共嘉兴独立支部成立	127
硖石东山会议	128
枫泾暴动	128
《浙西导报》	129
新四军在海北地区的斗争	129
澉浦战斗	130
嘉兴起义	131
沈雁冰	132
沈泽民	133
王会悟	133
张佐臣	134
张堂坤	134
施 奇	134
中共一大纪念船	135
南湖革命纪念馆	136
中共嘉崇桐工委机关驻地旧址	137
中共海北工委机关驻地旧址	138
中共淞沪地委洪家滩会议旧址	138
沈钧儒故居	139

绍 兴

中共绍兴（党、团）地方支部成立	148
周恩来1939年故乡行	148
许岙战斗	149
浙东新四军北撤会议	150
石璜缴枪	150
回山会师	151
周恩来	152
鲁 迅	152
邵力子	153
汪寿华	153
宣中华	154
杨眉山	154
何赤华	154
王一飞	155
叶天底	155
张秋人	155
郑覆他	156
梁柏台	156
宣侠父	156
俞秀松	157
任 光	157

何 云	157
中共诸暨县第一次代表大会旧址	158
曹素民故居	159
中共浙江省工委、中共宁绍（绍属）	
特委机关旧址	159
新四军浙东游击纵队金萧支队	
成立地纪念馆	160
中共嵊新奉中心县委、	
嵊新奉办事处旧址	160
浙东人民解放军金萧支队	
成立地旧址	161
中共浙东临委陈蔡会议旧址	161
范文澜故居	162
胡愈之故居（敕五堂）	163

金 华

陈望道翻译《共产党宣言》	170
中共金华支部建立	171
中共浙西特委建立	171
红十三军第三团成立	172
台湾义勇队	172
周恩来赴金华视察浙江抗战	173
陈望道	174
施存统	175
邵飘萍	175
金佛庄	176
钱兆鹏	176
赵济猛	177
严汝清	177
徐 英	177
胡侠民	178
潘漠华	178
楼其团	178
刘 英	179
张贵卿	179
雷 烨	180
陈 洪	180
张新锦烈士墓	181
中共宣平独立支部、宣平县委	
成立地旧址	181
中共永康首届县委成立地旧址	182
邵李青烈士故居	182
卢湛故居	183
曾志达烈士故居	183
黄文玉烈士墓	184
中共宣遂汤工委旧址	184
中共浦江县委成立旧址	185
中共东阳县第一次代表大会旧址	185
中共中央东南局永康联络站旧址	186
中共中央东南局兰溪联络站旧址	186
金义浦办事处、金义浦兰总办事处	
旧址	187
坚勇大队成立地旧址	188

中共金萧地委成立地旧址	189	舜山会议旧址	209
浙东人民解放军第六支队		中共油溪口支部旧址	210
成立地旧址	189	新四军第一支队司令部驻地旧址	210
李立卓、李立倚烈士墓	190	开化一区苏维埃政府旧址	211
中共江东县工委、江东县政府			
成立地旧址	190		

舟　山

冯雪峰故居	191
吴晗故居	192
艾青故居	192

中共定海独立支部成立	218
定海东区抗日游击根据地建立	218
大鱼山战斗	218
东海游击总队建立	219
解放舟山战役	220

衢　州

中共衢县支部成立	200
红十军在浙西的斗争	200
红色贸易路线开辟	201
中共浙皖特委建立	201
开辟千里岗游击区	202
红军北上抗日先遣队激战大陈	203
中共闽浙赣省委机关在开化	204
新四军在开化集结	204
关　英	205
赵礼生	206
邱老金	206
江文焕故居	207
华岗故居	207
中共江浦县委旧址	208
中共常开工委成立地旧址	209

金维映	221
周　山	222
岱山盐民协会旧址	222
中共定海县工委旧址	223
"里斯本丸"沉船事件纪念馆	224
中共东海工委旧址	224
"保二中队"机关旧址	225
东极舟山支队烈士纪念碑	225
林茂成烈士墓	226
登步岛战斗遗址公园	226

台　州

中共海门小组成立	234
亭旁起义	234

中共浙南特委成立	235	浙东浙南部队会师纪念馆	247
红十三军第二团（师）成立	235	拜经台会议旧址	248
中共台属特委成立	236	双庙伏击战遗址	248
攻打天台、解放三门	236	中共仙居县委旧址纪念馆	249
一江山岛战役与浙江全境解放	237		
包　定	238	## 丽　水	
潘心源	239		
柳苦民	239	中共遂昌支部建立	256
石瑞芳	239	红十三军攻打缙云县城	256
杨敬燮	240	红军北上抗日先遣队竹口战斗	257
林　炯	240	红军挺进师斋郎战斗	257
中共黄岩县委成立地旧址	240	红军挺进师小吉会议	258
中共临海县委成立地旧址	241	浙西南革命根据地建立	258
中共天台县委成立地旧址	241	葛程伏击战和上田战斗	259
中共台属四县联席会议旧址	242	红军挺进师上田会议	259
中共温岭县委驻地旧址	242	门阵和谈	260
坞根游击大队成立地旧址	243	中共浙江省委在丽水	261
桐柏暴动指挥部旧址	243	浙江壮丁抗暴自救军第三总队	
苏维埃政权天台县革命委员会		成立	261
成立地旧址	244	松阳、丽水两县起义	262
郭凤韶烈士纪念馆	244	麻　植	263
金永洪故居	245	蔡鸿猷	263
中共临海县委机关驻地旧址	246	季步高	264
抗日战争时期中共黄岩县委机关		郑　秾	264
旧址	246	宗孟平	265
中共台属工委和临海中心县委		卢子敬	265
驻地旧址	247	陈丹山	265

陈凤生	266
黄富武	266
洪家云	267
许信焜	267
张麒麟	268
一门六英烈	268
中共遂昌县委旧址	270
遂昌县工农革命军武装暴动誓师大会旧址	270
中共缙云县第一次代表大会旧址	271
红十三军壶镇战斗旧址	271
三岩寺红军洞	272
红军北上抗日先遣队随军银行旧址	272
红军挺进师溪头战斗遗址	273
中共龙浦县委驻地遗址	273
红军挺进师安岱后革命旧址群	274
红军挺进师王村口革命旧址群	274
红军挺进师枫坪革命旧址群	275
浙西南革命根据地中共竹溪区委和区苏维埃政府旧址	276
红军挺进师后方基地旧址	276
住溪苏维埃政府旧址	276
中共浙西南特委会议旧址	276
中共龙遂县委旧址	277
景宁毛窠红军医院遗址	277
凤阳山战斗旧址	278
新四军驻浙江办事处旧址	278
周恩来为青田县东源小学题词纪念碑	279
中共浙江省委联络站旧址	279
周恩来视察浙江省铁工厂纪念碑	280
中共闽浙边委湖住溪旧址	280
万山地下交通总站旧址	280
中共处属特委机关裯门驻地旧址	281
中共闽浙边地委和游击队崔上村驻地遗址	282
中共丽水县委旧址	282
唐公宪故居	283
李逸民将军故居	283
潘香凤烈士墓	284
龙泉革命烈士陵园	284
中国工农红军挺进师纪念馆	285

编委会

主　　任：黄莉新

副 主 任：邱启文　　王昌荣　　陈小平　　蔡秀军　　成岳冲
　　　　　陈擎苍　　张学伟　　叶正波　　马卫光　　徐宇宁
　　　　　陈东凌

委　　员：单志强　　吕建楚　　陈作荣　　李上葵　　陈利众
　　　　　魏　伟　　宋志恒　　方健忠　　王　伟　　叶海燕
　　　　　任淑女　　胡庆国　　黄甲寅　　周　雷　　杨　帆

编辑部

主　　编：吕建楚　　胡庆国
副 主 编：包晓峰　　周　雷　　杨　帆　　田　峰
编　　辑：徐才杰　　姚立军　　范晓娟

图片提供单位

全省各设区市政协统一提供,各地党史文献、档案、民政等部门和革命遗址、纪念场馆予以支持。

图片作者

包江雁　陈　俏　陈鲜忠　陈兴长　迟名尊　管田甜　郭斯甫
何红舟　何仁岳　何颖聪　洪　兵　洪晓明　胡和平　黄发祥
冷云峰　李力群　李渭钫　廖依敏　林　涛　刘　辉　吕海彬
马越山　毛瑛瑛　蒲斌军　钱晓峰　秦　川　邱文雄　邵明军
申屠家杰　沈海松　沈天法　沈志成　盛建生　谭凯妮　王康艺
王莉晓　吴德良　吴卫防　吴章涵　谢尚国　徐文彬　许宏志
姚萍萍　余延金　俞　海　俞永华　岳成龙　张觉民　张　君
张守刚　张兴斌　张友国　郑学军　周德春　朱伟明　诸飞英
邹　锋

(部分图片作者信息在征集过程中遗失,请联系出版社领取稿酬)

出版统筹：郑　重　景迪云
项目管理：陈　云

责任编辑：朱丽莎　盛　洁
装帧设计：浙信文化
责任校对：高余朵
责任印制：汪立峰　陈震宇

图书在版编目（CIP）数据

浙江红色文化名片 / 政协浙江省委员会编. -- 杭州：浙江摄影出版社，2023.8
ISBN 978-7-5514-4591-7

Ⅰ．①浙… Ⅱ．①政… Ⅲ．①革命传统教育－教育资源－浙江 Ⅳ．①D642

中国国家版本馆CIP数据核字(2023)第125983号

ZHEJIANG HONGSE WENHUA MINGPIAN

浙江红色文化名片

政协浙江省委员会　编

全国百佳图书出版单位
浙江摄影出版社出版发行
　　地址：杭州市体育场路347号
　　邮编：310006
　　电话：0571-85151082
　　网址：www.photo.zjcb.com
制版：杭州浙信文化传播有限公司
印刷：浙江海虹彩色印务有限公司
开本：710mm×1000mm　1/16
印张：22
2023年8月第1版　2023年8月第1次印刷
ISBN 978-7-5514-4591-7
定价：100.00元